Lernzirkel: inhaltlicher Aufbau

	Lernzirkel A DEUTSCHLAND	Lernzirkel B EUROPA	Lernzirkel C WELT	Lernzirkel D KARTOGRAFIE	Lernzirkel E KLIMA/NATURKATASTROPHEN
1	Bundesländer	Staaten	Kontinente	Breitengrade	Wolkenarten
2	Länderwappen	Hauptstädte	Meere	Koordinaten	Klimadiagramm
3	Landeshauptstädte	Staaten (Umriss)	Gebirge	Kartenarten	Windgeschwindigkeiten
4	Großlandschaften	Staaten (Autokennzeichen)	Flüsse	Kartenzeichen	Niederschlagsarten
5	Mittelgebirge	Städte	Klimazonen	Maßstab	Messgeräte
6	Flüsse	Flüsse	Staaten Amerika	Bergformen	Naturkatastrophen
7	Industriegebiete	Gebirge	Staaten Afrika	Höhenkurvenbilder (Profil)	Vulkanismus
8	Flächennutzung	Inseln	Staaten Asien	Himmelsrichtungen	Schnitt Schichtvulkan
9	Kanäle	Sehenswürdigkeiten	Bundesstaaten Australien	Kartenfarben	Plattentektonik
10	Bundesländer (Rätsel)	Klimazonen	arme/reiche Länder	Kartenkunde	geogr. Begriffe „Erdbeben“
		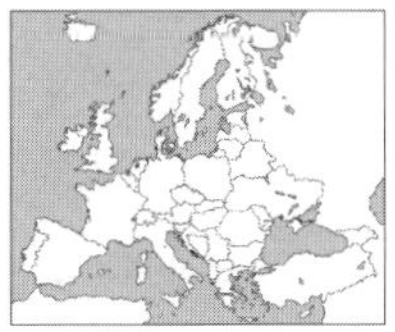	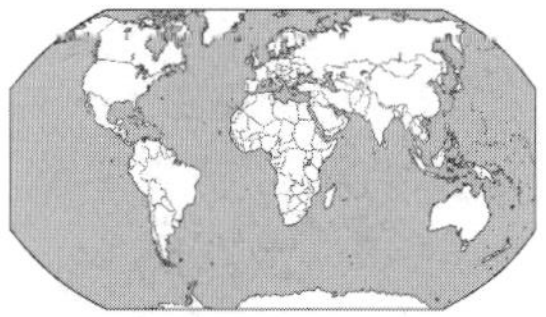		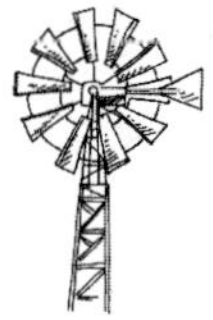

Station 1 – Aufgabe

Benenne folgende Bundesländer.

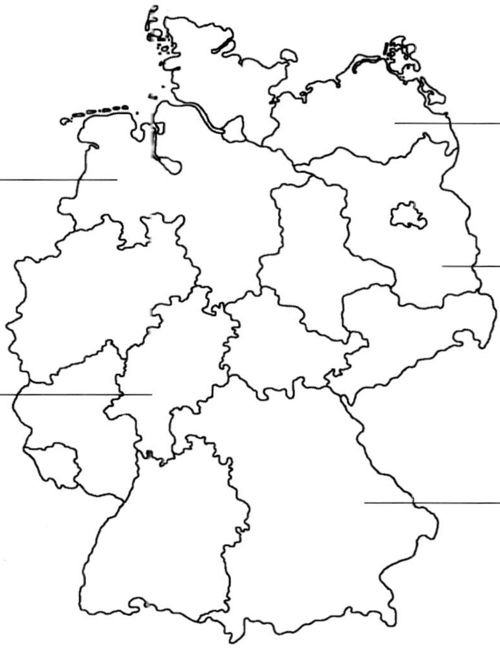

Lernzirkel A: Deutschland

Station 1 – Lösung

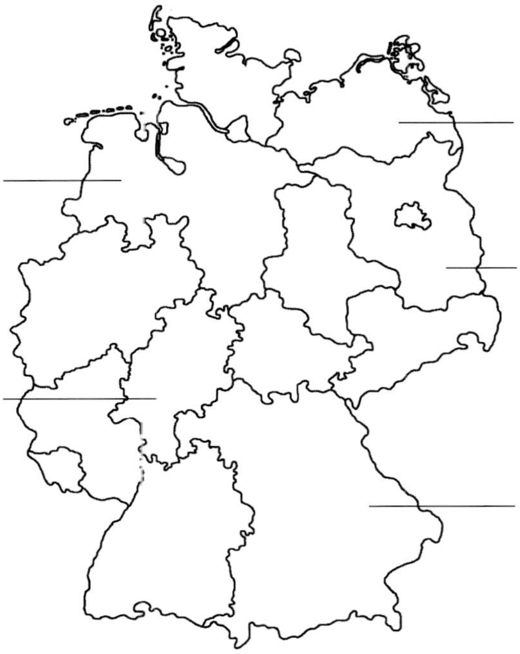

Für jedes richtig benannte Bundesland gibt es 1 Punkt.

Station 2 – Aufgabe

Lernzirkel A: Deutschland

Ordne folgende Länderwappen dem jeweiligen Bundesland zu.

a) 

b) 

c) 

d) 

e) 

Station 2 – Lösung

Lernzirkel A: Deutschland

a) Rheinland-Pfalz

b) Thüringen

c) Bremen

d) Sachsen

e) Berlin

Für jedes richtig zugeordnete Bundesland gibt es 1 Punkt.

Station 3 – Aufgabe

Lernzirkel A: Deutschland

Wie heißt die Landeshauptstadt folgender Bundesländer?

a)	Baden-Württemberg	
b)	Saarland	
c)	Nordrhein-Westfalen	
d)	Sachsen-Anhalt	
e)	Schleswig-Holstein	

Station 3 – Lösung

Lernzirkel A: Deutschland

a)	Baden-Württemberg	**Stuttgart**
b)	Saarland	**Saarbrücken**
c)	Nordrhein-Westfalen	**Düsseldorf**
d)	Sachsen-Anhalt	**Magdeburg**
e)	Schleswig-Holstein	**Kiel**

Für jede richtig erkannte Landeshauptstadt gibt es 1 Punkt.

Station 4 – Aufgabe

Lernzirkel A: Deutschland

Benenne die Großlandschaften Deutschlands.

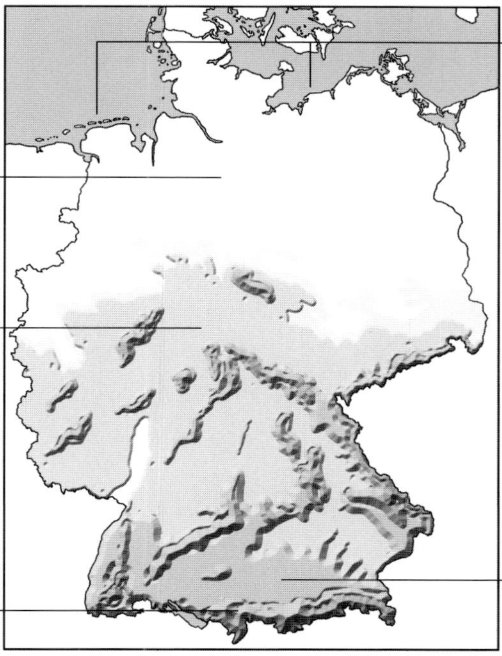

Station 4 – Lösung

Lernzirkel A: Deutschland

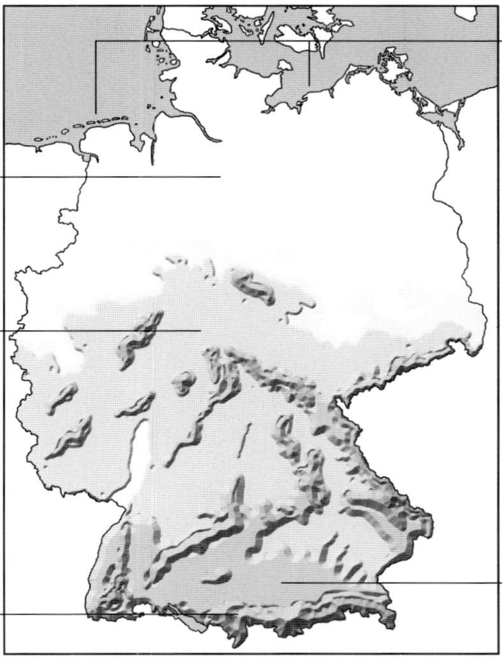

Für jede richtig erkannte Großlandschaft gibt es 1 Punkt.

Station 5 – Aufgabe

Lernzirkel A: Deutschland

Ordne den deutschen Mittelgebirgen ihre höchste Erhebung zu.

a)	Schwarzwald
b)	Rhön
c)	Harz
d)	Hunsrück
e)	Taunus

1	Wasserkuppe
2	Erbeskopf
3	Großer Feldberg
4	Feldberg
5	Brocken

Station 5 – Lösung

Lernzirkel A: Deutschland

a)	Schwarzwald
b)	Rhön
c)	Harz
d)	Hunsrück
e)	Taunus

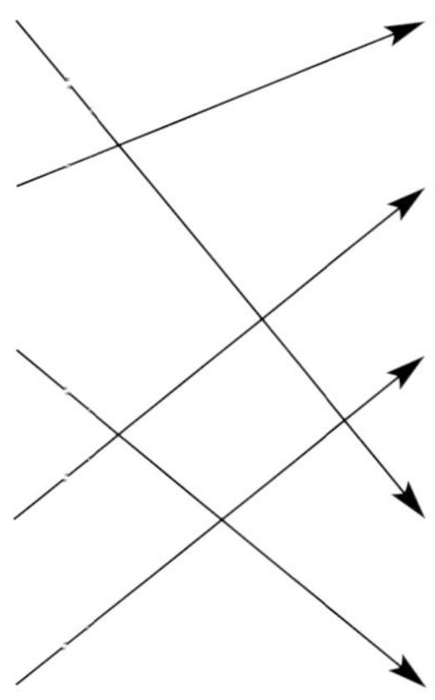

1	Wasserkuppe
2	Erbeskopf
3	Großer Feldberg
4	Feldberg
5	Brocken

Für jede richtig zugeordnete höchste Erhebung gibt es 1 Punkt.

Station 6 – Aufgabe

An welchem Fluss liegen diese Städte?

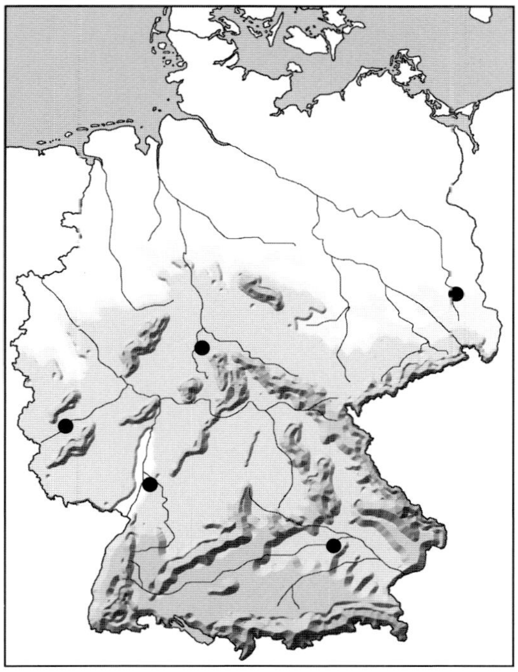

a) Regensburg

b) Cottbus

c) Kassel

d) Trier

e) Heidelberg

Lernzirkel A: Deutschland

Station 6 – Lösung

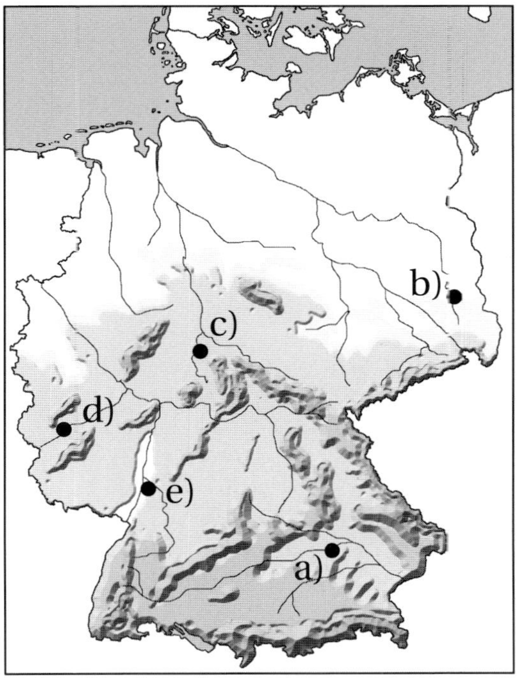

a) Regensburg → **Donau**

b) Cottbus → **Spree**

c) Kassel → **Fulda**

d) Trier → **Mosel**

e) Heidelberg → **Neckar**

Für jeden richtig zugeordneten Fluss gibt es 1 Punkt.

Station 7 – Aufgabe

Lernzirkel A: Deutschland

Wie heißen diese deutschen Stein- bzw. Braunkohlereviere?

Station 7 – Lösung

Lernzirkel A: Deutschland

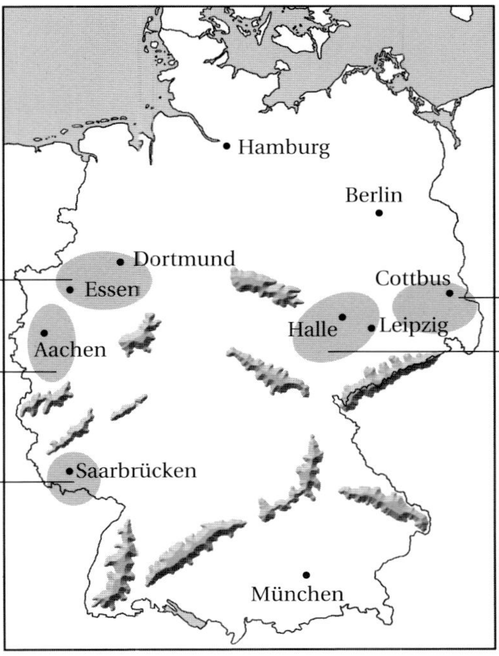

a) Ruhrgebiet

b) Rheinisches Braunkohlerevier

c) Saargebiet

d) Niederlausitz

e) Mitteldeutsches Revier

Für jedes richtig genannte Revier gibt es 1 Punkt.

Station 8 – Aufgabe

Lernzirkel A: Deutschland

Welche **überwiegende** Flächennutzung findet in diesen Regionen statt? Kreuze an.

	Sonderkultur	Ackerbau	Viehwirtschaft
a) Allgäu			
b) Bodensee			
c) Mosel			
d) Magdeburger Börde			
e) Hallertau			

Station 8 – Lösung

Lernzirkel A: Deutschland

	Sonderkultur	Ackerbau	Viehwirtschaft
a) Allgäu			X
b) Bodensee	X		
c) Mosel	X		
d) Magdeburger Börde		X	
e) Hallertau	X		

Für jede richtig angekreuzte Flächennutzung gibt es 1 Punkt.

Station 9 – Aufgabe

Wie heißen folgende Kanäle?

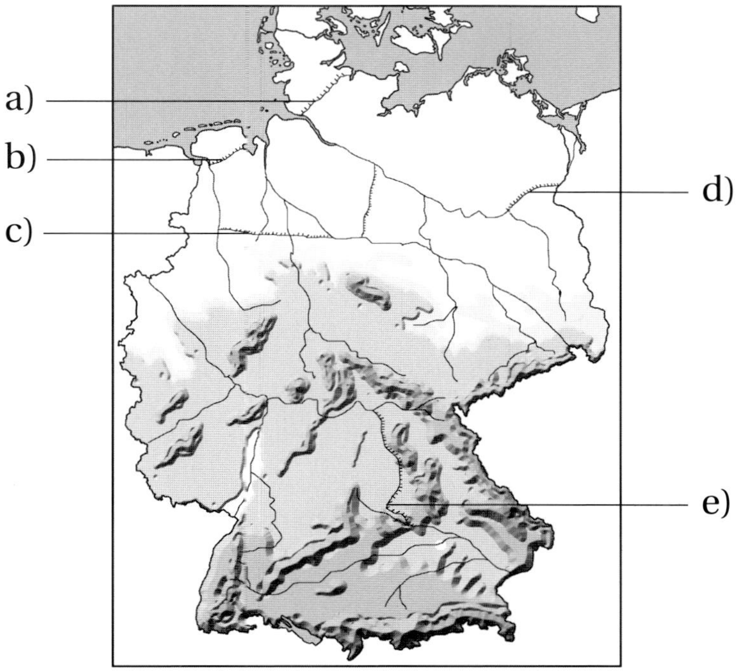

Lernzirkel A: Deutschland

Station 9 – Lösung

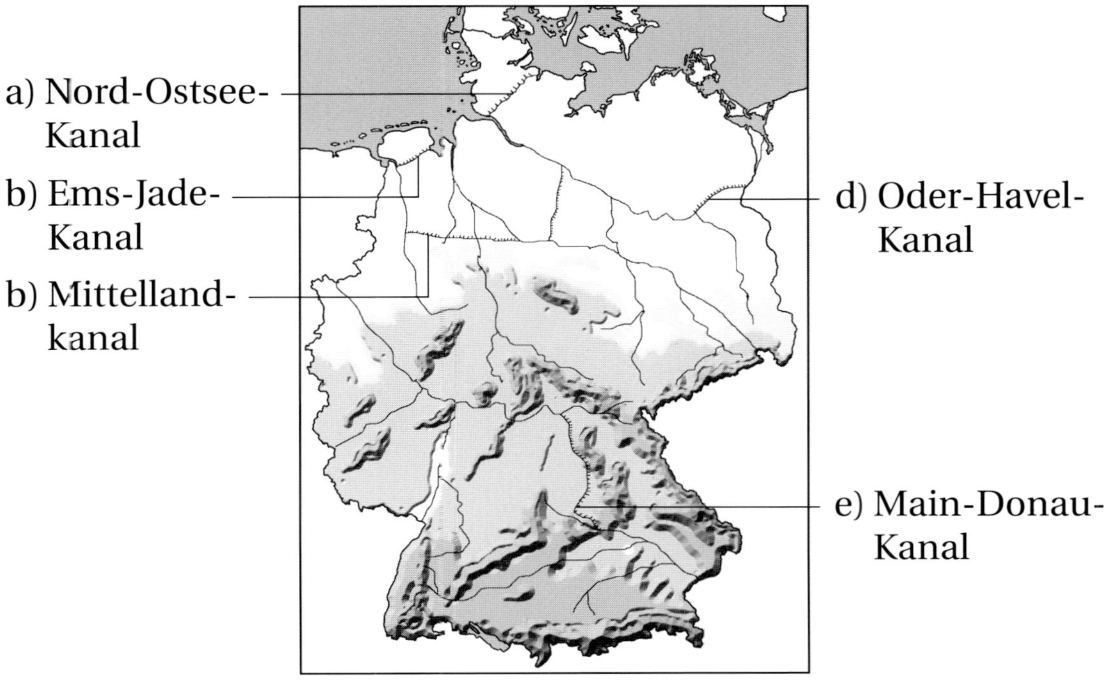

Für jeden richtig erkannten Kanal gibt es 1 Punkt.

Lernzirkel A: Deutschland

Station 10 – Aufgabe

Lernzirkel A: Deutschland

Welches Bundesland ist gemeint?

In meinem Bundesland …

a) … mündet die Saale in die Elbe.

b) … liegen die Städte Tübingen und Freiburg.

c) … befinden sich die Schlösser Herrenchiemsee und Neuschwanstein.

d) … liegt die Insel Rügen.

e) … steht der Kölner Dom.

Station 10 – Lösung

Lernzirkel A: Deutschland

a) Sachsen-Anhalt

b) Baden-Württemberg

c) Bayern

d) Mecklenburg-Vorpommern

e) Nordrhein-Westfalen

Für jedes richtig erkannte Bundesland gibt es 1 Punkt.

Arbeitsblatt 1

Station 1

a) ....

b) ....

c) ....

d) ....

e) .... **Punkte:** ......

Station 2

a) ....

b) ....

c) ....

d) ....

e) .... **Punkte:** ......

Station 3

a) ....

b) ....

c) ....

d) ....

e) .... **Punkte:** ......

Station 4

a) ....

b) ....

c) ....

d) ....

e) .... **Punkte:** ......

Station 5

a) → .... b) → .... c) → ....

d) → .... e) → .... **Punkte:** ......

Arbeitsblatt 2

Station 6

a) Regensburg → ....
b) Cottbus → ....
c) Kassel → ....
d) Trier → ....
e) Heidelberg → .... **Punkte:** ......

Station 7

a) ....
b) ....
c) ....
d) ....
e) .... **Punkte:** ......

Station 8

	Sonderkultur	Ackerbau	Viehwirtschaft
a)			
b)			
c)			
d)			
e)			

Punkte: ......

Station 9

a) ....-Kanal
b) ....-Kanal
c) ....-Kanal
d) ....-Kanal
e) ....-Kanal **Punkte:** ......

Station 10

a) ....
b) ....
c) ....
d) ....
e) .... **Punkte:** ......

Gesamtpunkte: ......

Station 1 – Aufgabe

Lernzirkel B: Europa

Wie heißen diese europäischen Staaten?

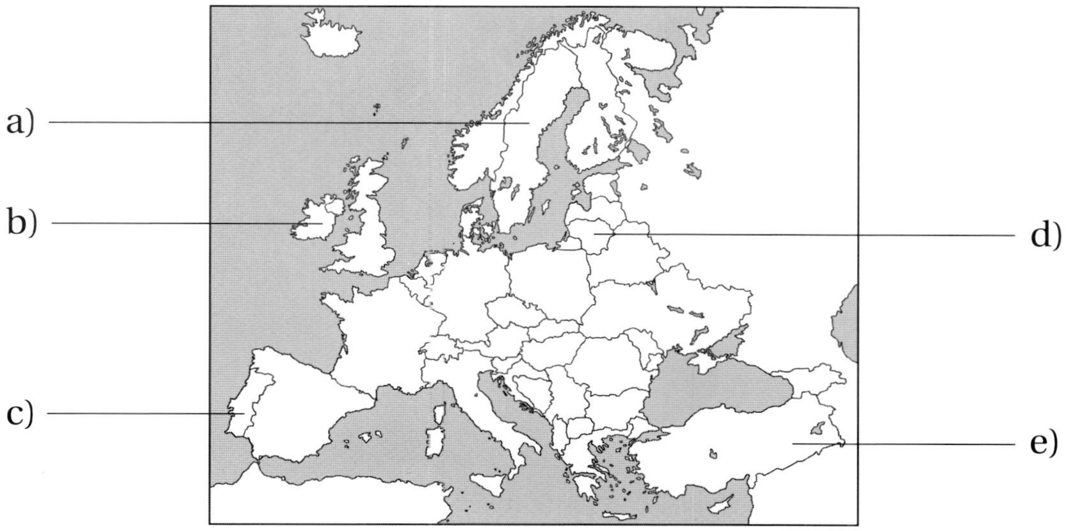

Station 1 – Lösung

Lernzirkel B: Europa

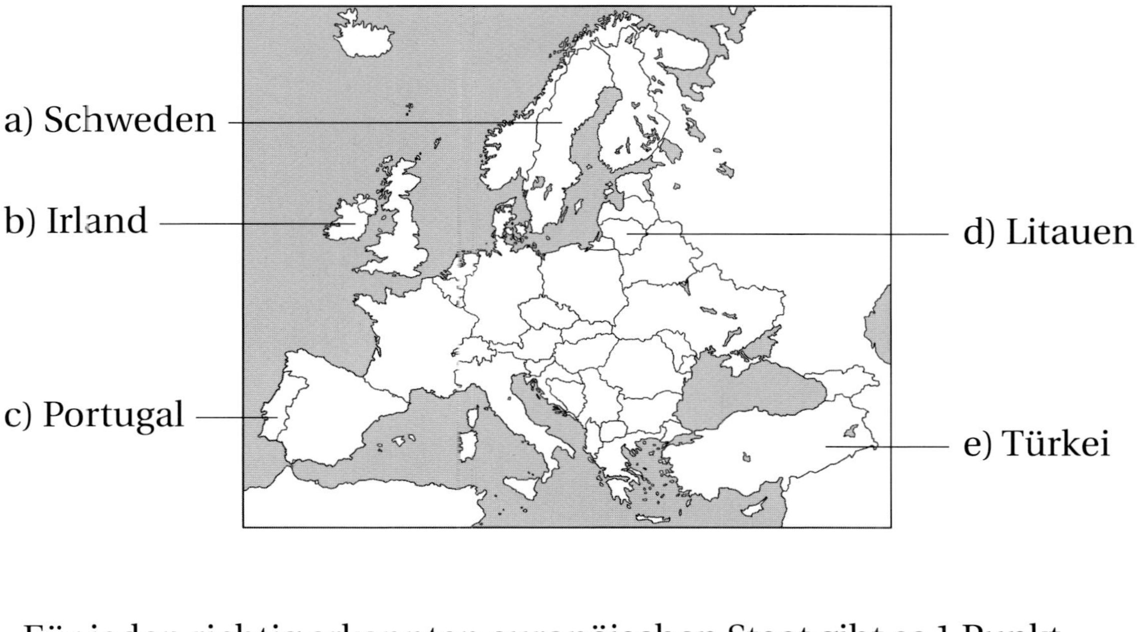

Für jeden richtig erkannten europäischen Staat gibt es 1 Punkt.

Station 2 – Aufgabe

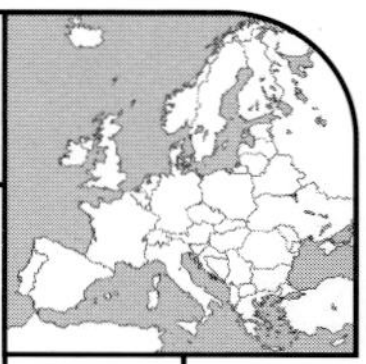

Lernzirkel B: Europa

Welcher europäische Staat hat folgende Hauptstadt?

a)	Oslo	
b)	Pressburg	
c)	Valetta	
d)	Riga	
e)	Tirana	

Station 2 – Lösung

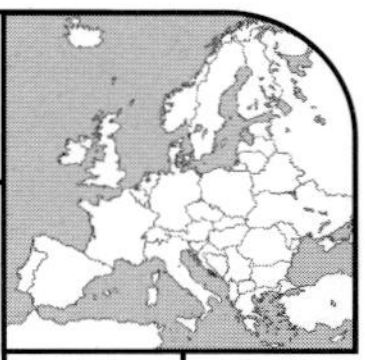

Lernzirkel B: Europa

a)	Oslo	**Norwegen**
b)	Pressburg	**Slowakei**
c)	Valetta	**Malta**
d)	Riga	**Lettland**
e)	Tirana	**Albanien**

Für jeden richtig zugeordneten europäischen Staat gibt es 1 Punkt.

Station 3 – Aufgabe

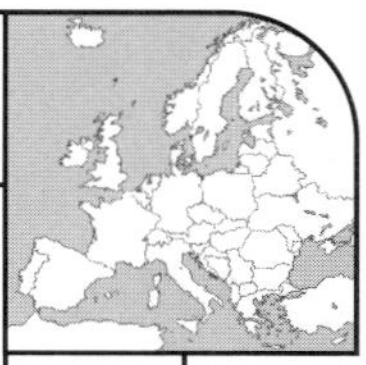

Welcher europäische Staat sieht so aus?

a)

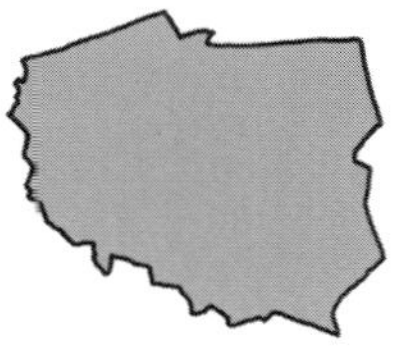

b)

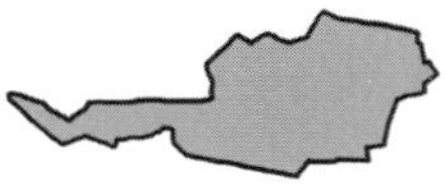

c)

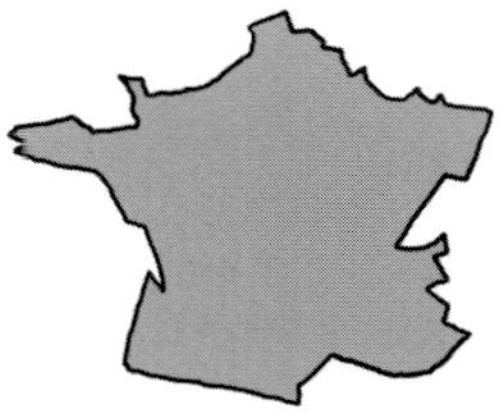

d)

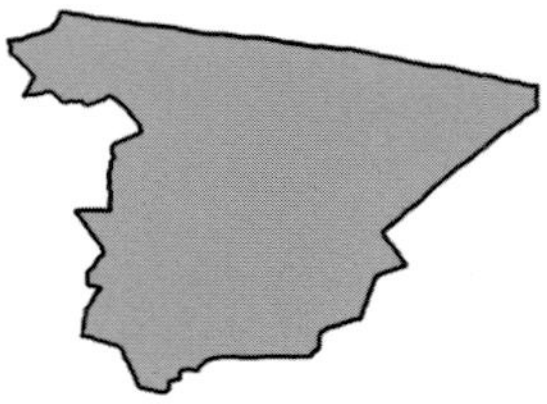

e)

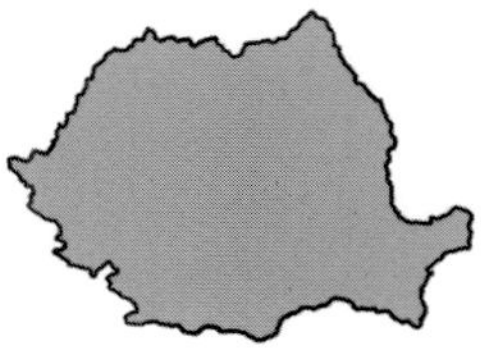

Station 3 – Lösung

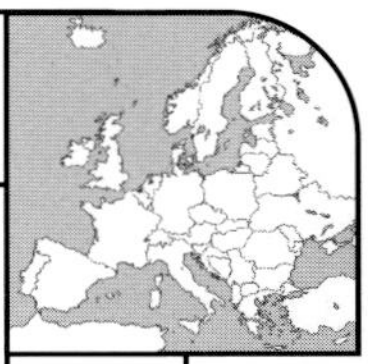

a) Polen

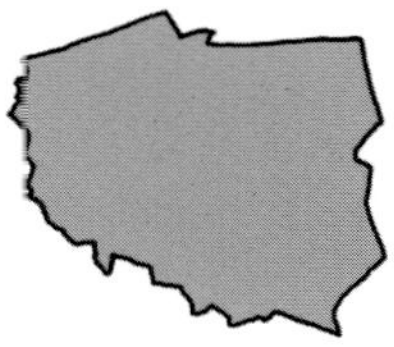

b) Österreich

c) Frankreich

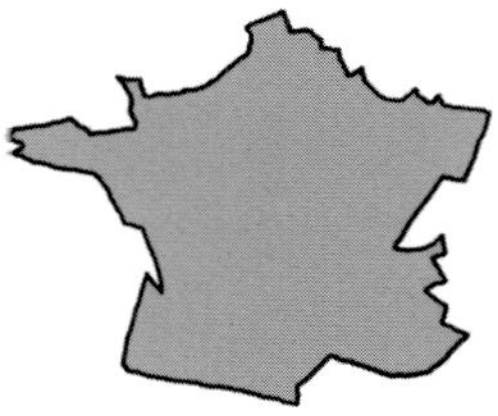

d) Spanien

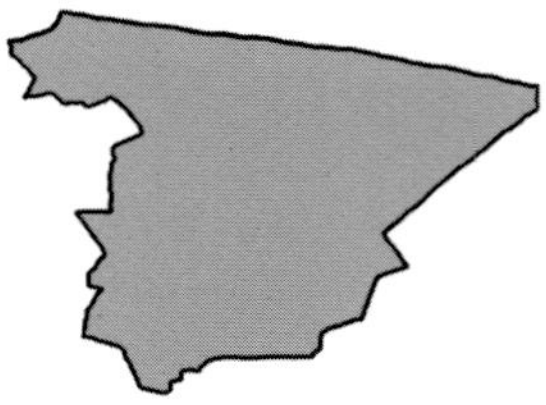

e) Rumänien

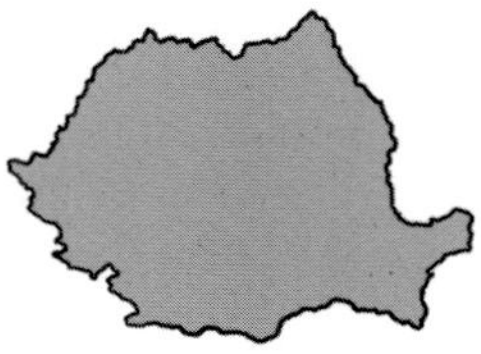

Für jeden richtig erkannten europäischen Staat gibt es 1 Punkt.

Station 4 – Aufgabe

Lernzirkel B: Europa

Aus welchem europäischen Staat kommen diese Fahrzeuge?

a)

b)

c)

d)

e)

Station 4 – Lösung

Lernzirkel B: Europa

a) Ungarn

H

b) Dänemark

DK

c) Fürstentum Liechtenstein

FL

d) Schweiz

CH

e) Österreich

A

Für jedes richtig erkannte Nationalitätskennzeichen gibt es 1 Punkt.

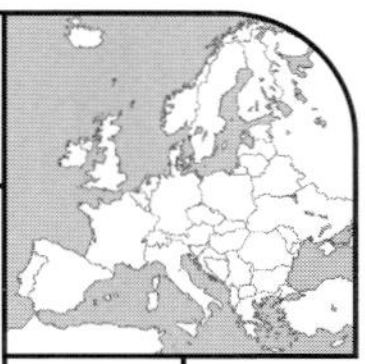

Station 5 – Aufgabe

Lernzirkel B: Europa

Wie heißen diese europäischen Städte ?

a)

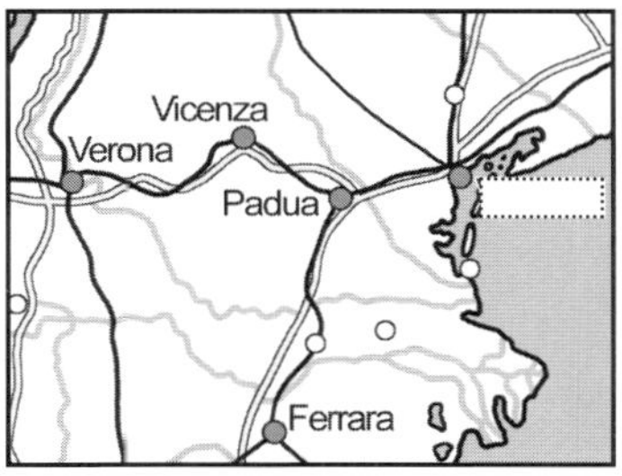

b)

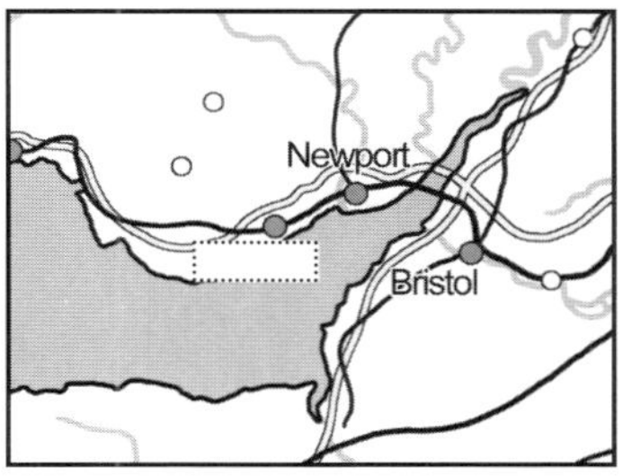

c)

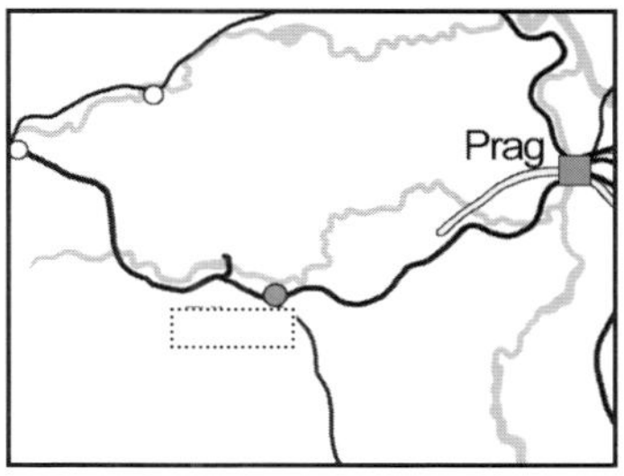

d)

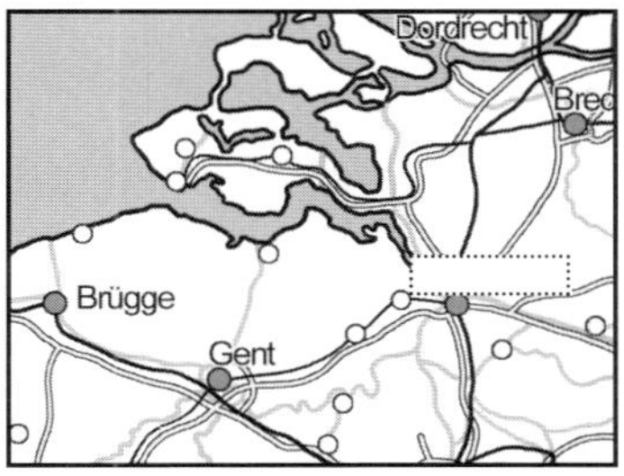

e)

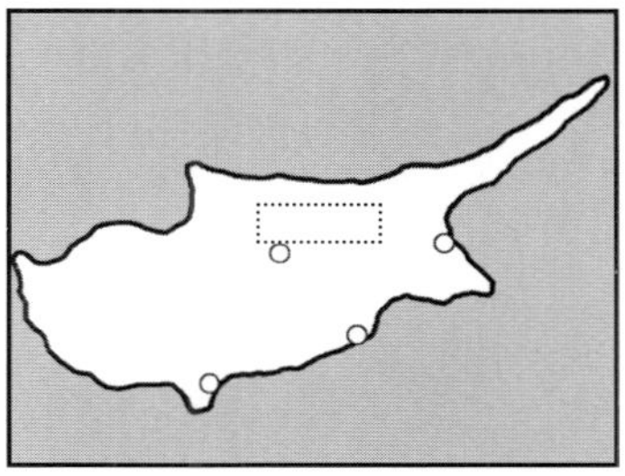

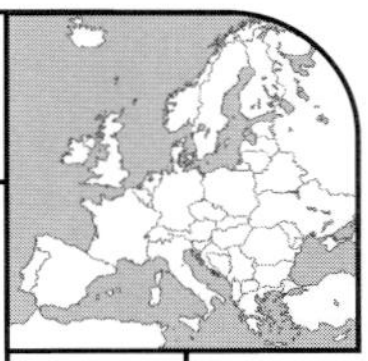

Station 5 – Lösung

Lernzirkel B: Europa

a) Venedig

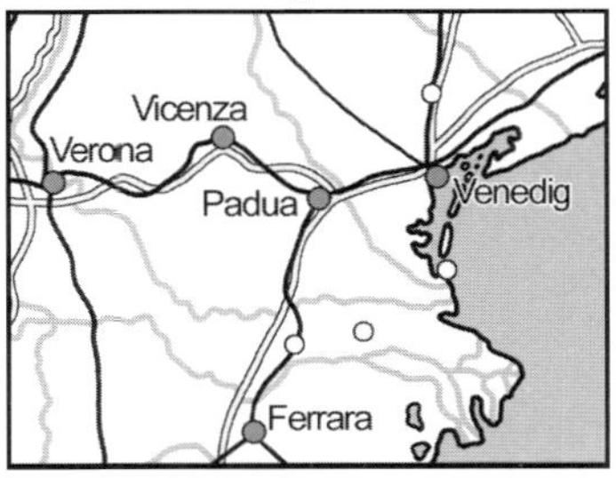

b) Cardiff

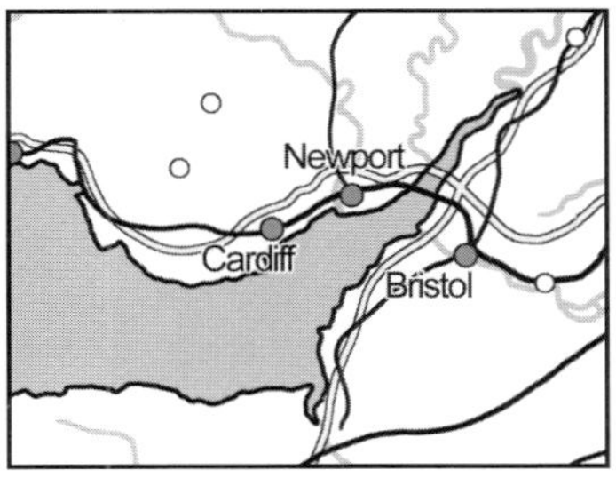

c) Pilsen

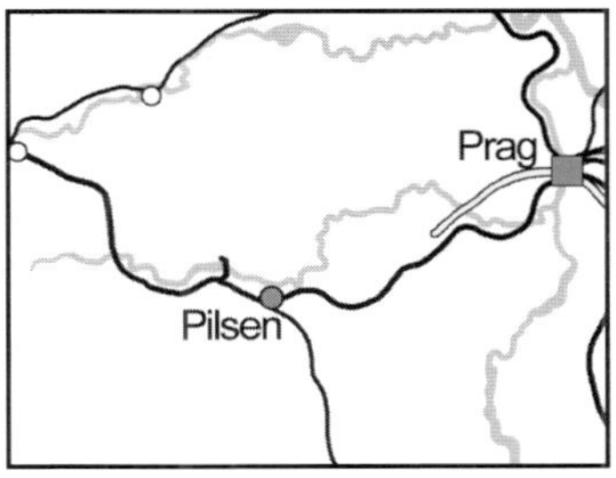

d) Antwerpen

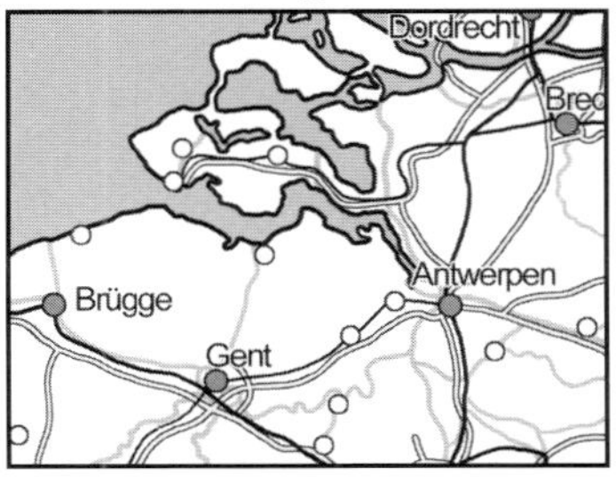

e) Nikosia

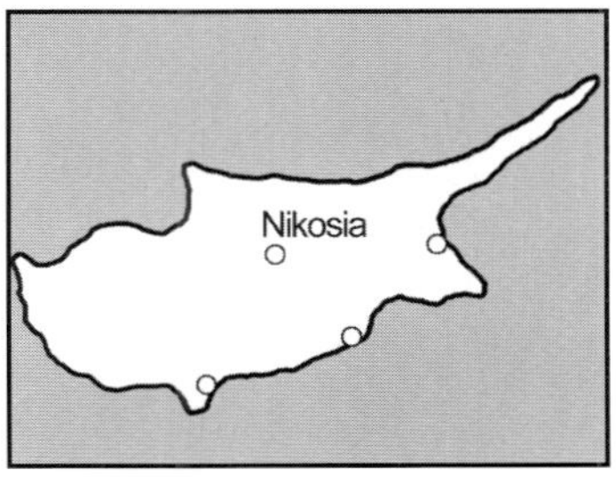

Für jede richtig erkannte Stadt gibt es 1 Punkt.

Station 6 – Aufgabe

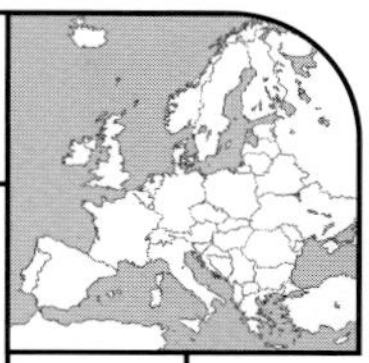

Lernzirkel B: Europa

Wie heißen diese Flüsse?

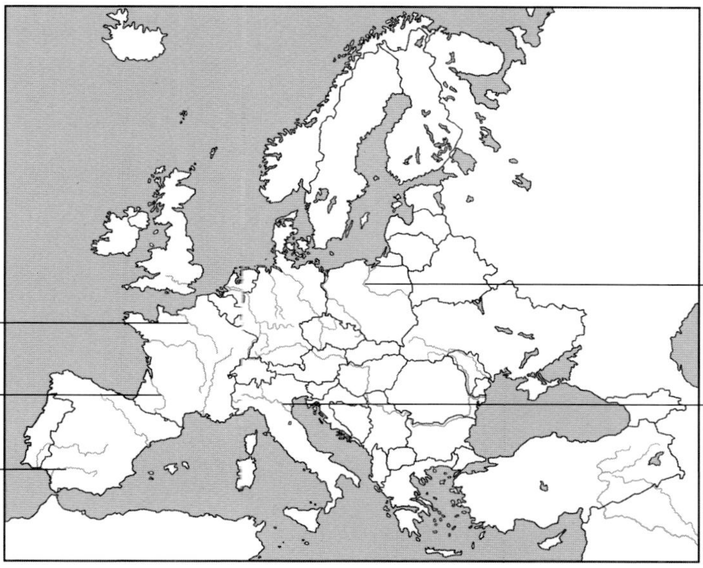

a)
b)
c)
d)
e)

Station 6 – Lösung

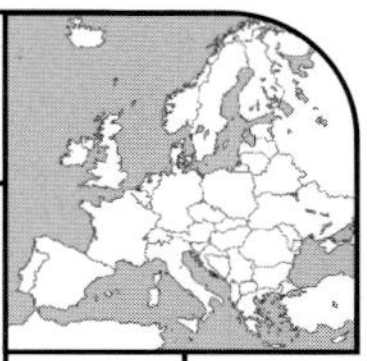

Lernzirkel B: Europa

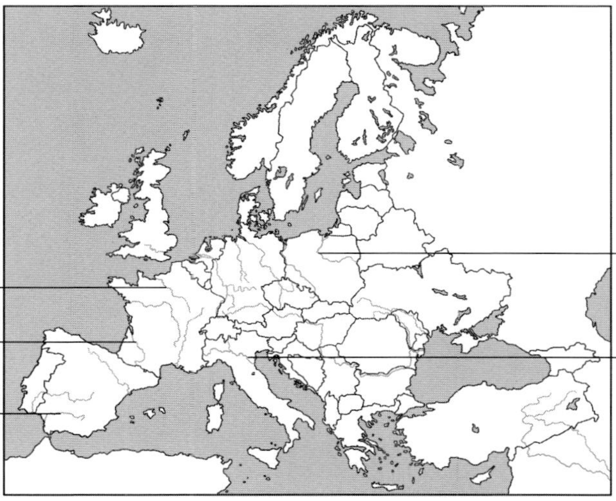

a) Seine
b) Garonne
c) Guadalquivir
d) Weichsel
e) Po

Für jeden richtig erkannten Fluss gibt es 1 Punkt.

Station 7 – Aufgabe

Wie heißen diese Gebirge?

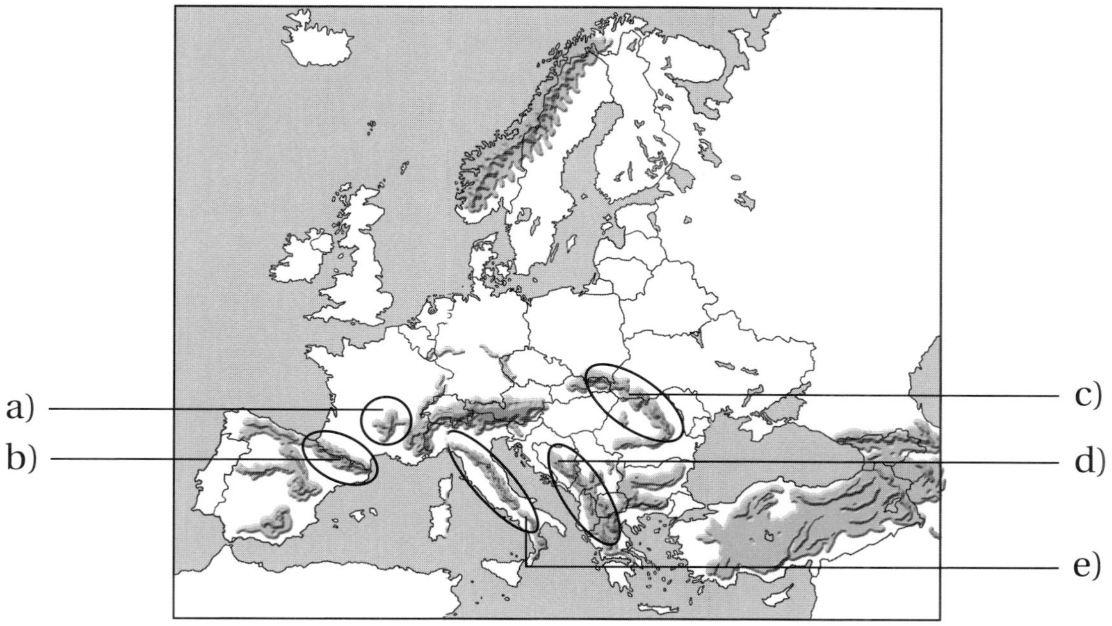

Lernzirkel B: Europa

Station 7 – Lösung

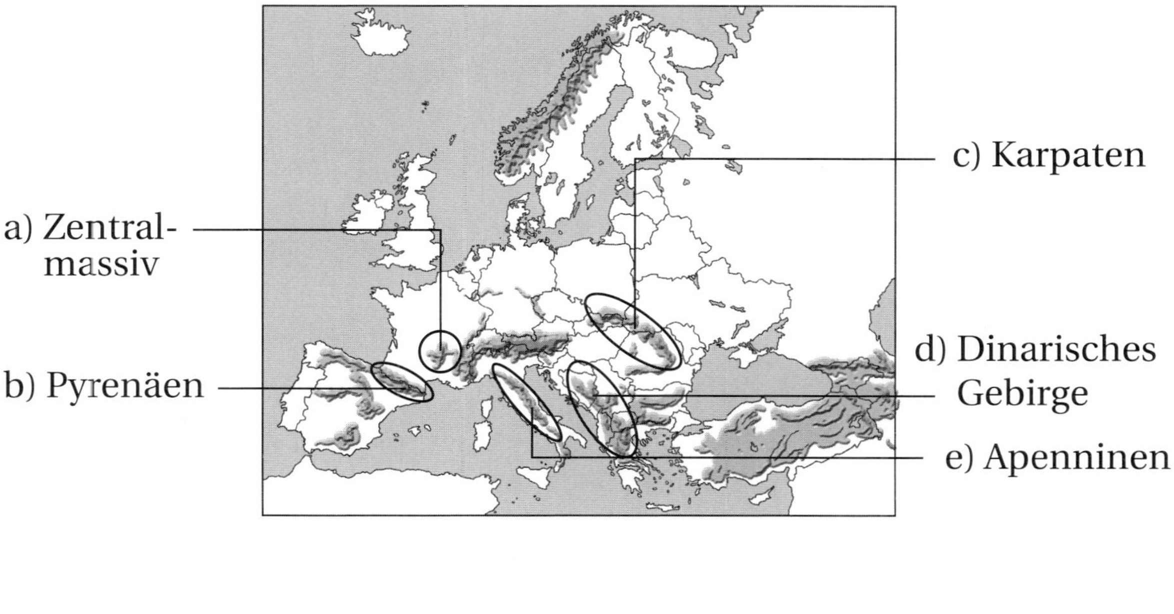

Für jedes richtig erkannte Gebirge gibt es 1 Punkt.

Lernzirkel B: Europa

Station 8 – Aufgabe

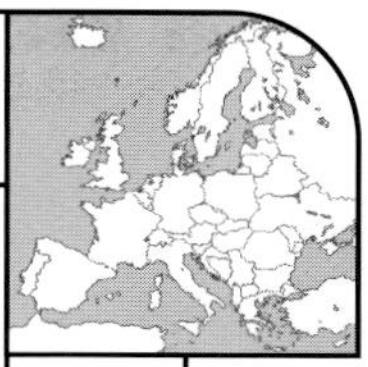

Lernzirkel B: Europa

Zu welchem europäischen Staat gehören diese Inseln?

a) Korsika

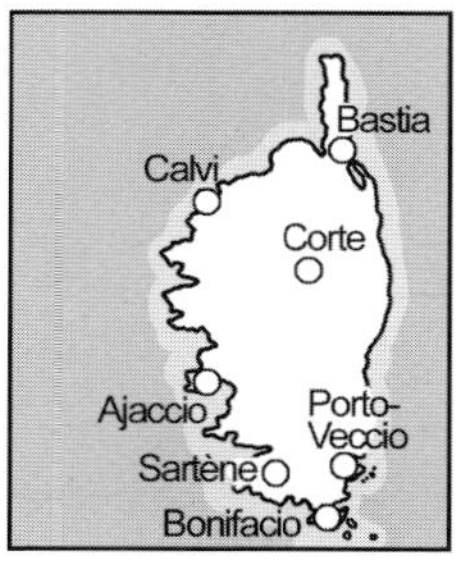

b) Mallorca

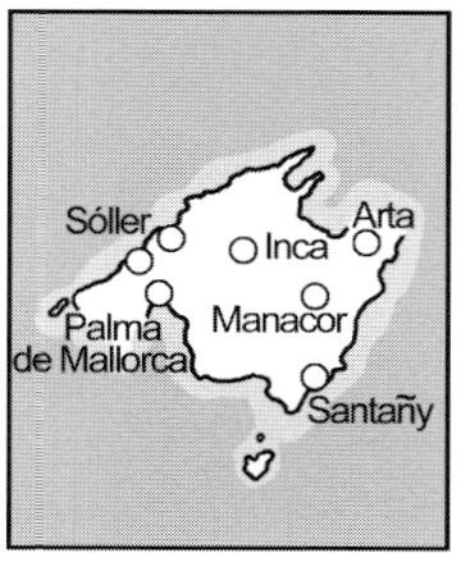

c) Kreta

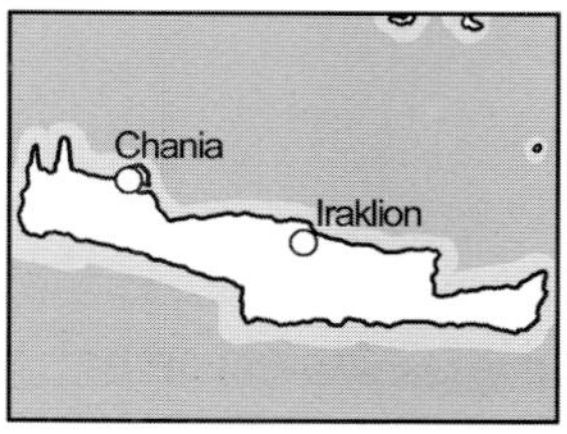

d) Jersey

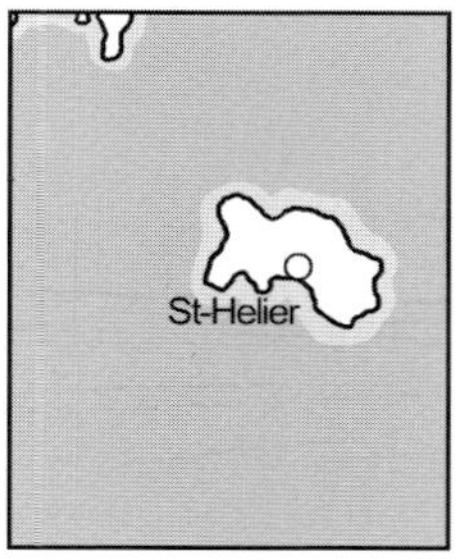

e) Gotland

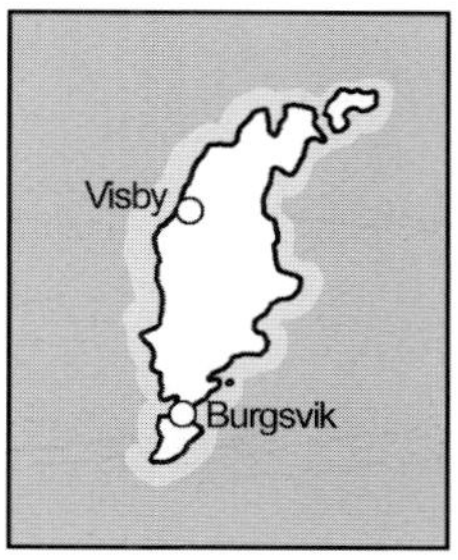

Station 8 – Lösung

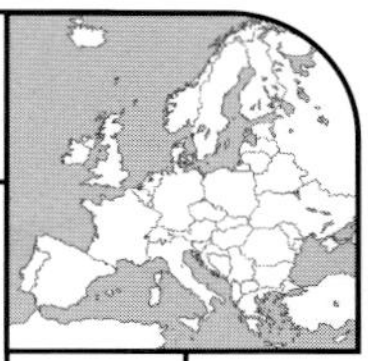

Lernzirkel B: Europa

a) Frankreich

b) Spanien

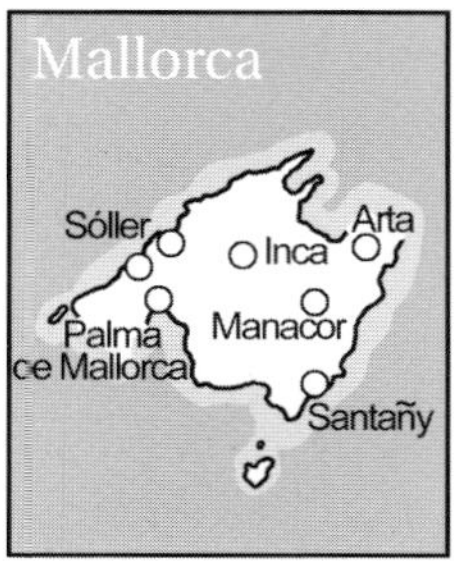

c) Griechenland

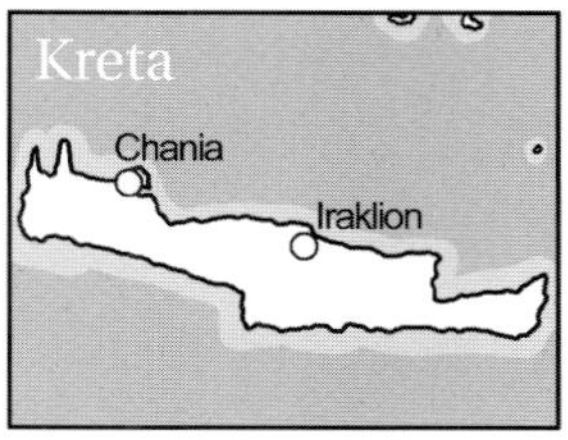

d) Großbritannien

e) Schweden

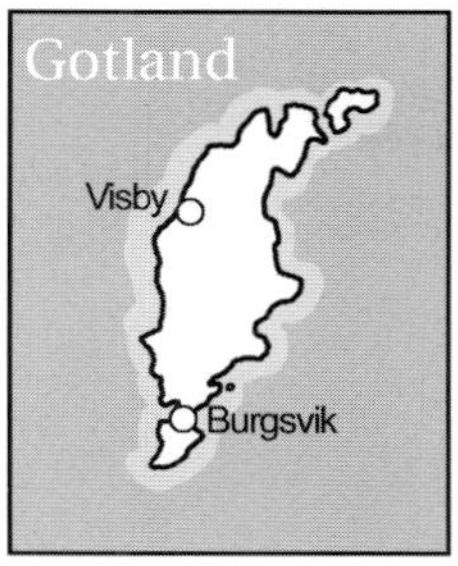

Für jede richtig zugeordnete Insel gibt es 1 Punkt.

Station 9 – Aufgabe

In welchem europäischen Staat stehen
diese Sehenswürdigkeiten?

a)

b)

c)

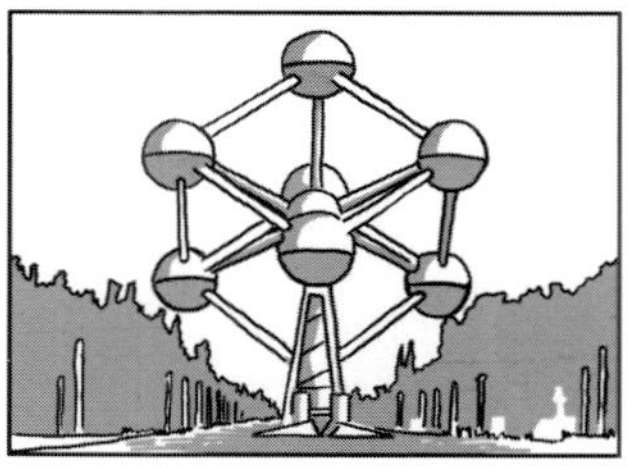

d)

e)

Station 9 – Lösung

a) Griechenland

b) Großbritannien

c) Belgien

d) Vatikanstadt

e) Russland

Für jeden richtig erkannten Staat gibt es 1 Punkt.

Lernzirkel B: Europa

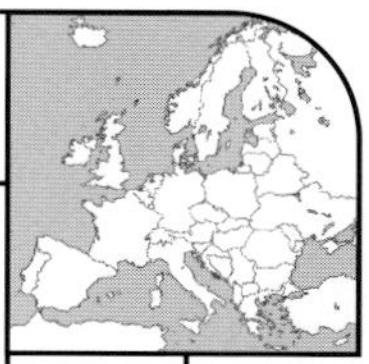

Station 10 – Aufgabe

In welcher Klimazone liegen folgende Städte?

		kalte/polare Zone	gemäßigte Zone	subtropische Zone
a)	Murmansk			
b)	Sofia			
c)	Izmir			
d)	Kiew			
e)	Reykjavik			

Lernzirkel B: Europa

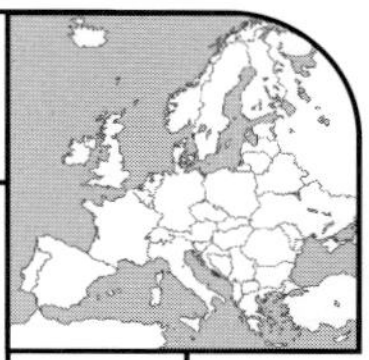

Station 10 – Lösung

		kalte/polare Zone	gemäßigte Zone	subtropische Zone
a)	Murmansk	X		
b)	Sofia		X	
c)	Izmir			X
d)	Kiew		X	
e)	Reykjavik	X		

Für jede richtig erkannte Klimazone gibt es 1 Punkt.

Lernzirkel B: Europa

Arbeitsblatt 1

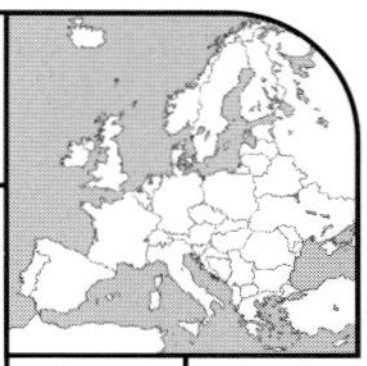

Station 1

a) ....
b) ....
c) ....
d) ....
e) .... **Punkte:** ......

Station 2

a)	Oslo	
b)	Pressburg	
c)	Valetta	
d)	Riga	
e)	Tirana	

Punkte: ......

Station 3

a) ....
b) ....
c) ....
d) ....
e) .... **Punkte:** ......

Station 4

a) ....
b) ....
c) ....
d) ....
e) .... **Punkte:** ......

Station 5

a) ....
b) ....
c) ....
d) ....
e) .... **Punkte:** ......

Arbeitsblatt 2

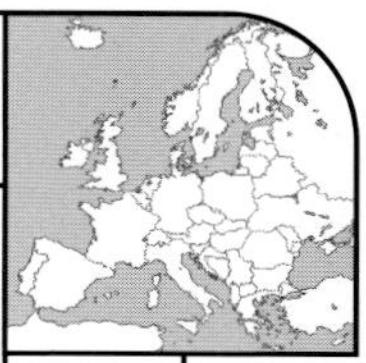

Station 6

a) ....
b) ....
c) ....
d) ....
e) .... **Punkte:** ......

Station 7

a) ....
b) ....
c) ....
d) ....
e) .... **Punkte:** ......

Station 8

a) ....
b) ....
c) ....
d) ....
e) .... **Punkte:** ......

Station 9

a) ....
b) ....
c) ....
d) ....
e) .... **Punkte:** ......

Station 10

	kalte/polare Zone	gemäßigte Zone	subtropische Zone
a)			
b)			
c)			
d)			
e)			

Punkte: ......

Gesamtpunkte: ......

Station 1 – Aufgabe

Lernzirkel C: Welt

Wie heißen diese Kontinente?

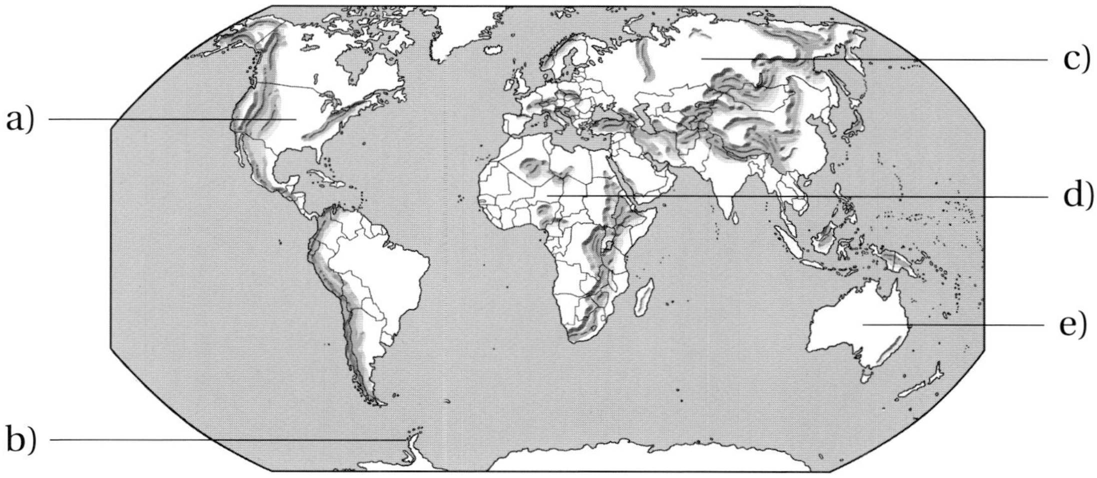

Station 1 – Lösung

Lernzirkel C: Welt

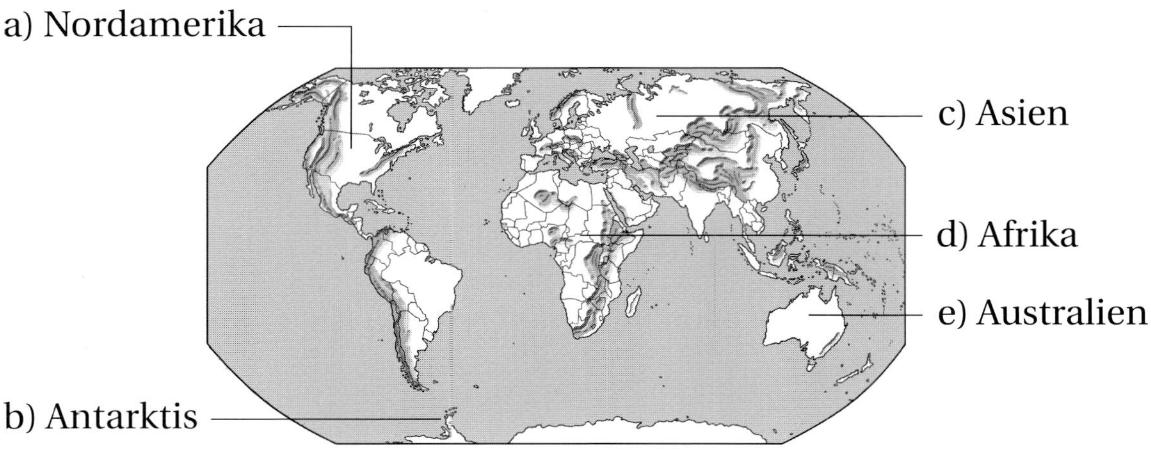

Für jeden richtig erkannten Kontinent gibt es 1 Punkt.

Station 2 – Aufgabe

Lernzirkel C: Welt

Wie heißen folgende Meere?

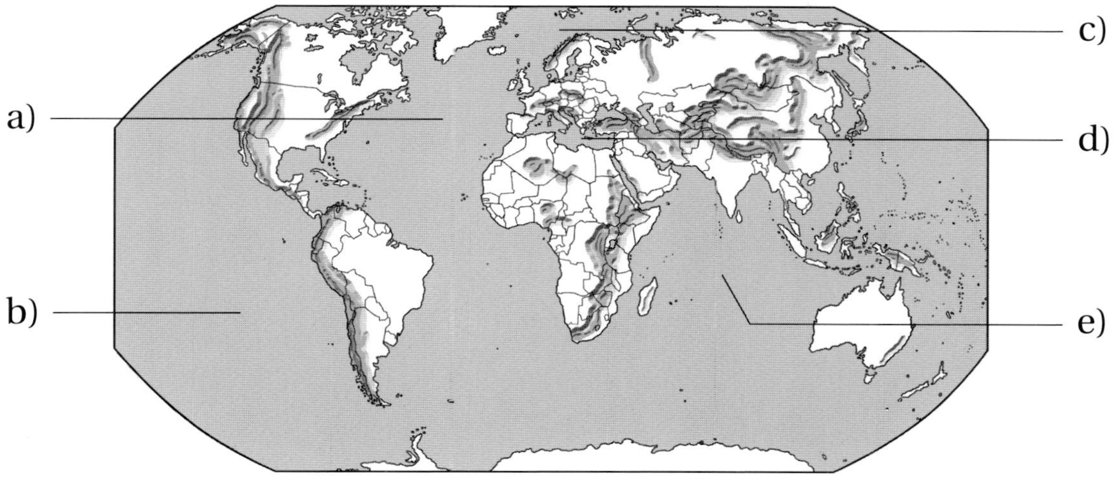

Station 2 – Lösung

Lernzirkel C: Welt

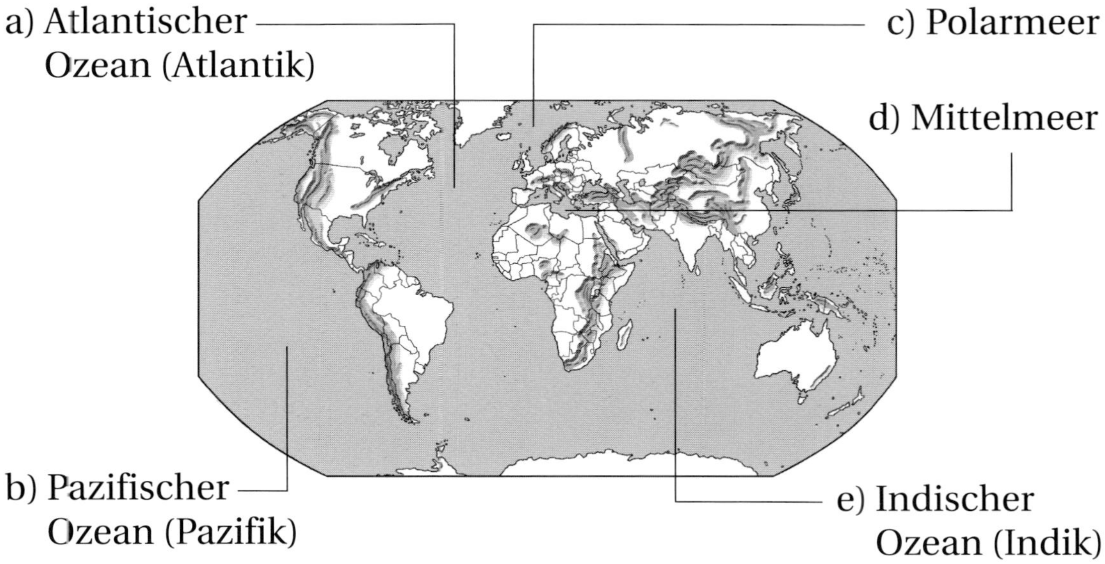

Für jedes richtig erkannte Meer gibt es 1 Punkt.

Station 3 – Aufgabe

Lernzirkel C: Welt

Wie heißen folgende Gebirge?

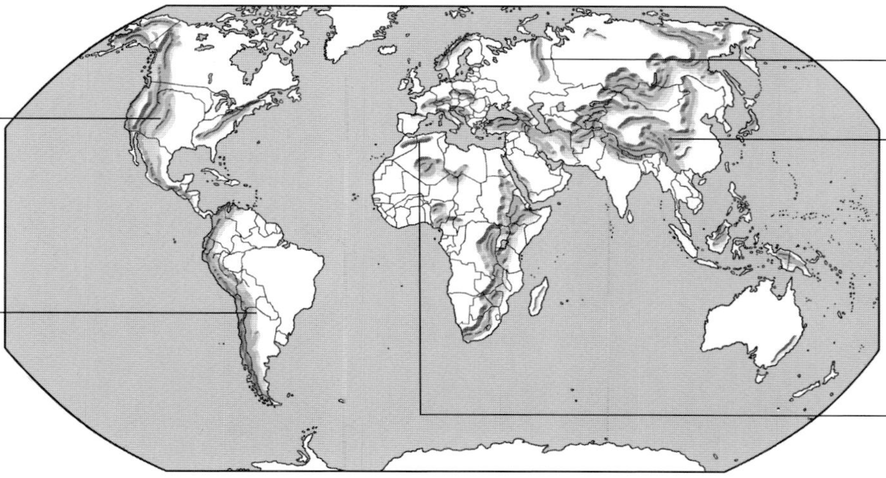

Station 3 – Lösung

Lernzirkel C: Welt

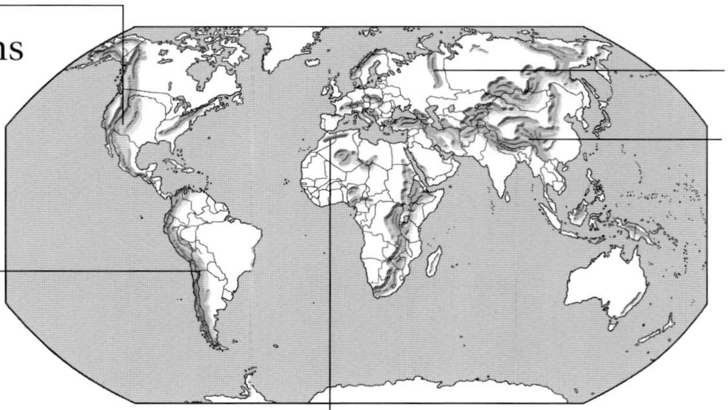

Für jedes richtig erkannte Gebirge gibt es 1 Punkt.

Station 4 – Aufgabe

Wie heißen folgende Flüsse?

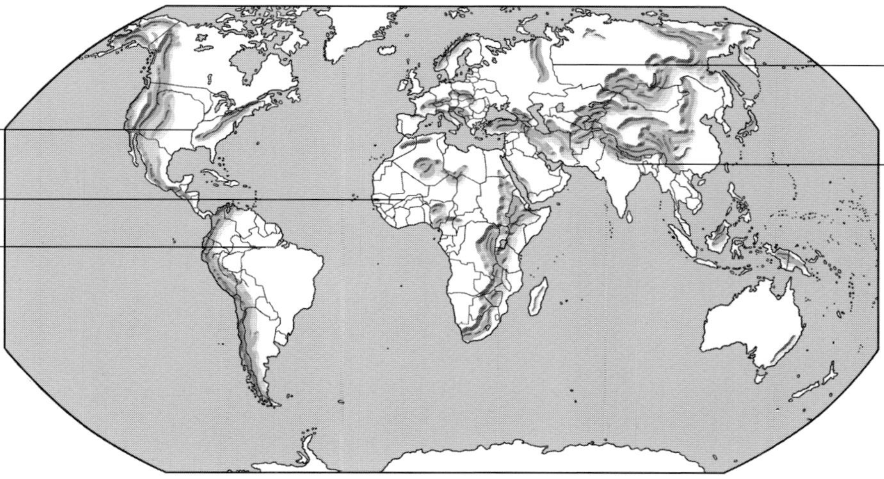

a)

b)

c)

d)

e)

Lernzirkel C: Welt

Station 4 – Lösung

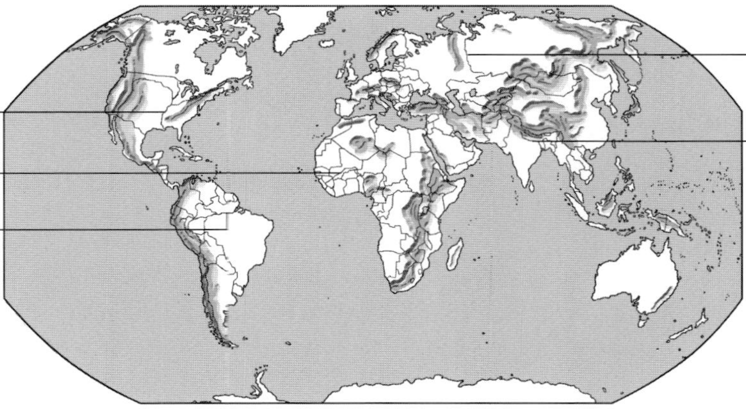

a) Mississippi

b) Niger

c) Amazonas

d) Ob

e) Ganges

Für jeden richtig erkannten Fluss gibt 1 Punkt.

Lernzirkel C: Welt

Station 5 – Aufgabe

Lernzirkel C: Welt

Ordne die folgenden Klimazonen richtig zu.

a)
b)
c)
d)
e)

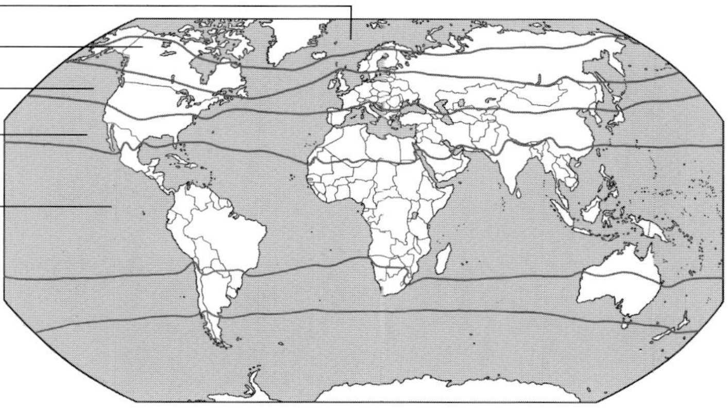

Klimazonen

Subtropen

Polarzone

gemäßigte Zone

Subpolarzone

Tropen

Station 5 – Lösung

Lernzirkel C: Welt

a) Polarzone
b) Subpolarzone
c) gemäßigte Zone
d) Subtropen
e) Tropen

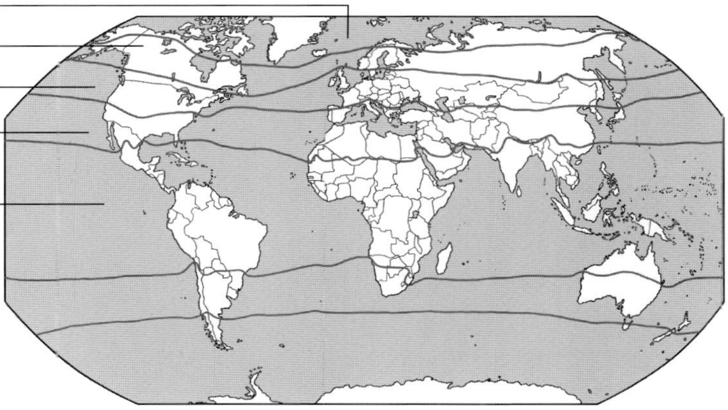

Für jede richtige Zuordnung gibt es 1 Punkt.

Station 6 – Aufgabe

Wie heißen diese Staaten Nord- bzw. Südamerikas?

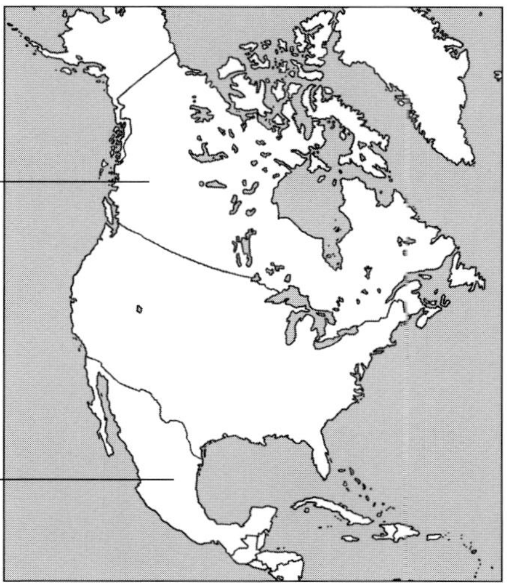

Lernzirkel C: Welt

Station 6 – Lösung

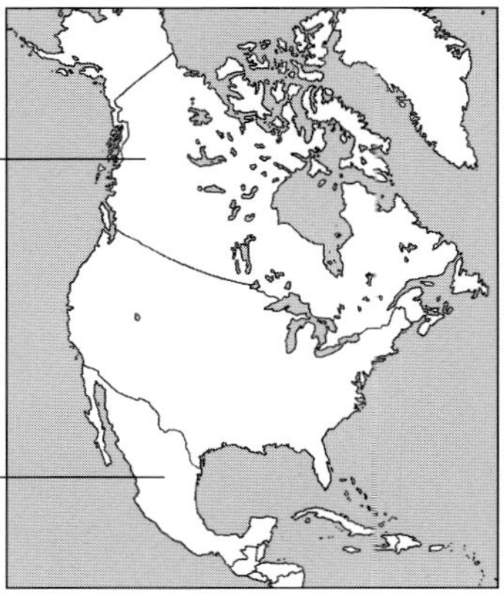

Für jeden richtig erkannten Staat gibt es 1 Punkt.

Lernzirkel C: Welt

Station 7 – Aufgabe

Lernzirkel C: Welt

In welchem afrikanischen Staat liegen diese Städte?

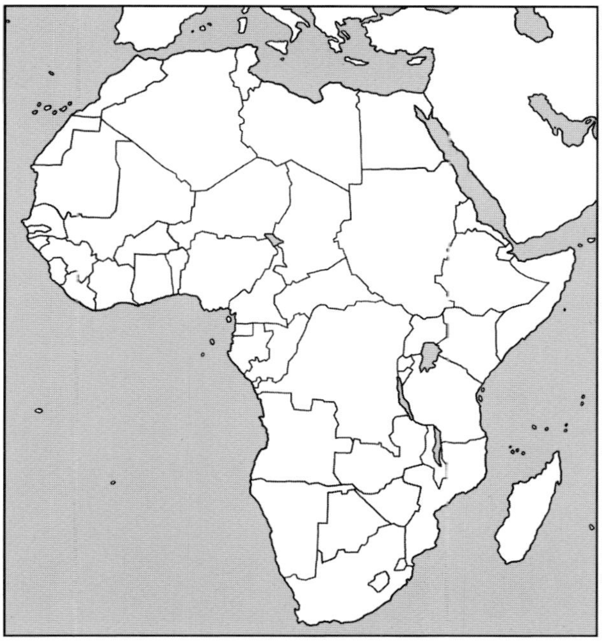

a) Lagos

b) Kapstadt

c) Mogadischu

d) Casablanca

e) Addis-Abeba

Station 7 – Lösung

Lernzirkel C: Welt

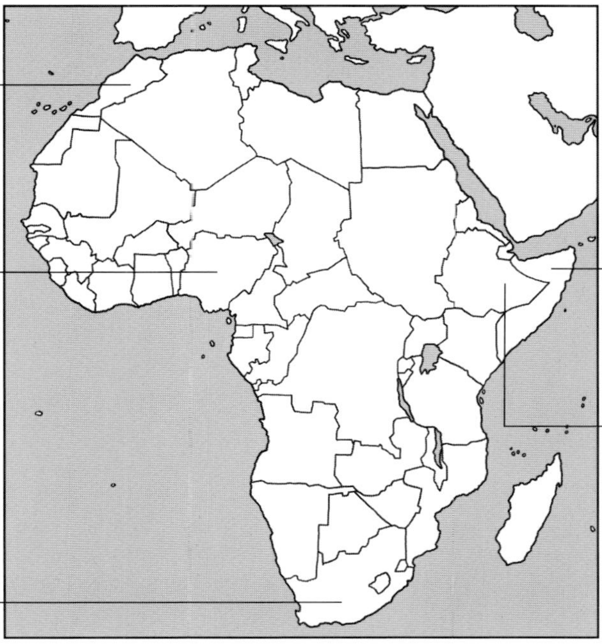

d) Casablanca
→ **Marokko**

a) Lagos
→ **Nigeria**

b) Kapstadt
→ **Südafrika**

c) Mogadischu
→ **Somalia**

e) Addis-Abeba
→ **Äthiopien**

Für jeden richtig erkannten Staat gibt es 1 Punkt.

Station 8 – Aufgabe

Lernzirkel C: Welt

In welchem asiatischen Staat liegen diese Städte?
Streiche den falschen Staat durch.

a) Kuala Lumpur	Indonesien	Malaysia
b) Karachi	Pakistan	Indien
c) Bangkok	Kambodscha	Thailand
d) Seol	Südkorea	Nordkorea
e) Damaskus	Syrien	Jordanien

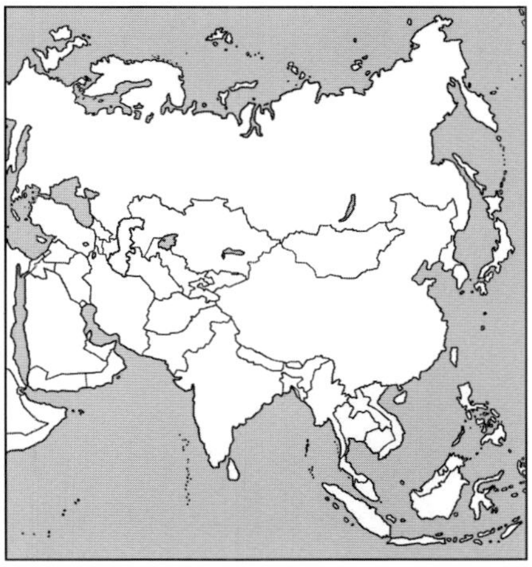

Station 8 – Lösung

Lernzirkel C: Welt

a) Kuala Lumpur	~~Indonesien~~	**Malaysia**
b) Karachi	**Pakistan**	~~Indien~~
c) Bangkok	~~Kambodscha~~	**Thailand**
d) Seol	**Südkorea**	~~Nordkorea~~
e) Damaskus	**Syrien**	~~Jordanien~~

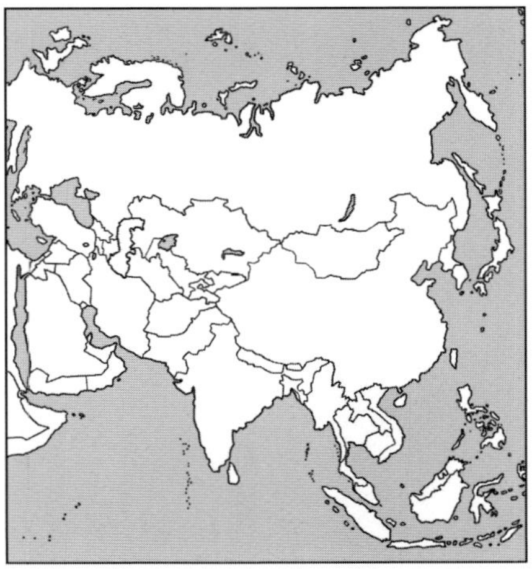

Für jeden richtig erkannten Staat gibt es 1 Punkt.

Station 9 – Aufgabe

Lernzirkel C: Welt

Wie heißen diese Bundesstaaten Australiens?

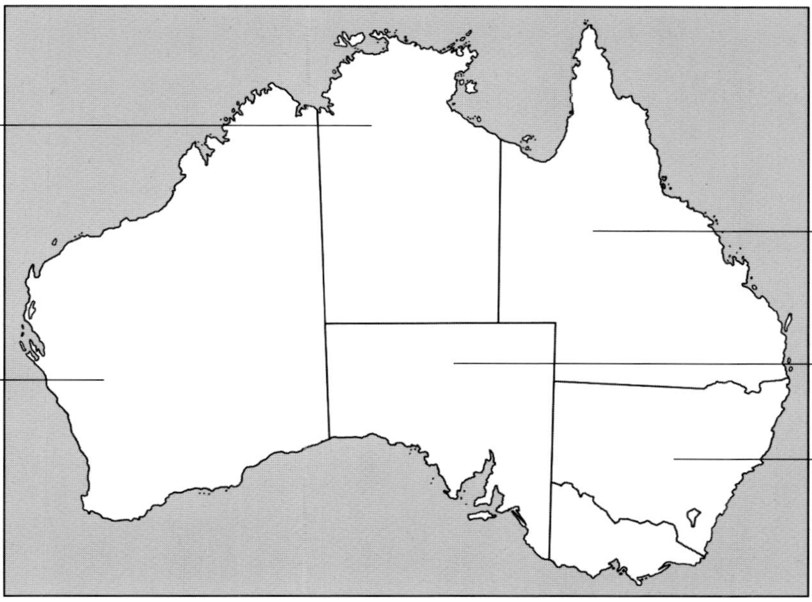

a)

b)

c)

d)

e)

Station 9 – Lösung

Lernzirkel C: Welt

a) Nordterritorium

c) Queensland

d) Süd-
australien

b) Westaustralien

e) Neusüdwales

Für jeden richtig erkannten Bundesstaat gibt es 1 Punkt.

Station 10 – Aufgabe

Lernzirkel C: Welt

Arme (A) oder reiche (R) Länder?
(Das **Bruttosozialprodukt** hilft dir dabei.)

a) Kuba

b) Angola

c) Papua-
Neuguinea

d) Ecuador

e) Bangladesch

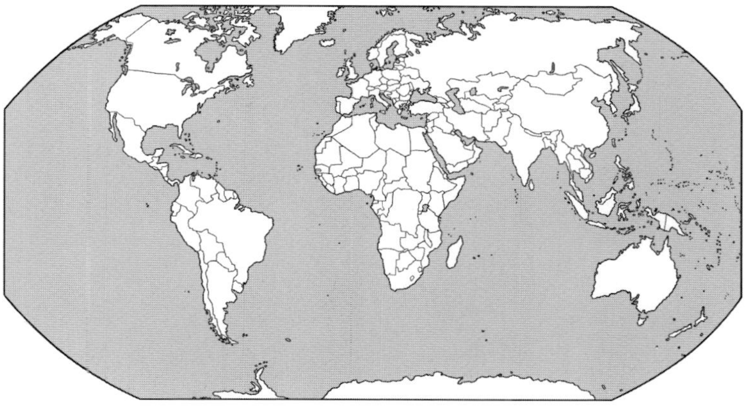

Hinweis: arme Länder: Bruttosozialprodukt unter 1000 €
reiche Länder: Bruttosozialprodukt über 1000 €

Station 10 – Lösung

Lernzirkel C: Welt

a) Kuba (R)

e) Bangladesh (A)

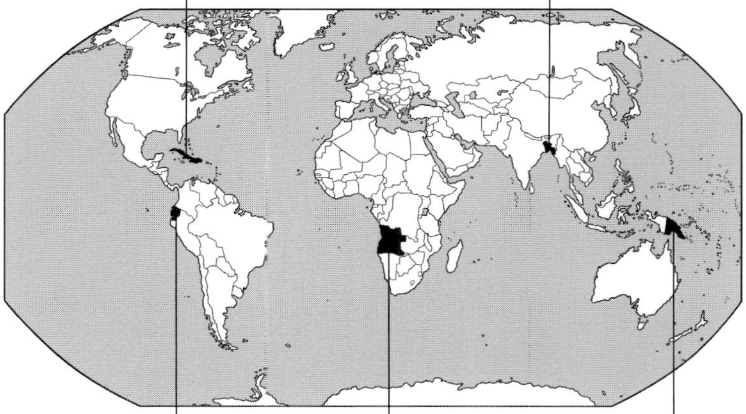

d) Ecuador (R)

b) Angola (A)

c) Papua-
Neuguinea
(A)

Für jede richtig erkannte Zuordnung gibt es 1 Punkt.

Arbeitsblatt 1

Station 1

a) ....
b) ....
c) ....
d) ....
e) .... **Punkte:** ......

Station 2

a) ....
b) ....
c) ....
d) ....
e) .... **Punkte:** ......

Station 3

a) ....
b) ....
c) ....
d) ....
e) .... **Punkte:** ......

Station 4

a) ....
b) ....
c) ....
d) ....
e) .... **Punkte:** ......

Station 5

Subtropen → ....
Polarzone → ....
gemäßigte Zone → ....
Subpolarzone → ....
Tropen → .... **Punkte:** ......

Arbeitsblatt 2

Station 6

a) ....
b) ....
c) ....
d) ....
e) .... **Punkte:** ......

Station 7

a) Lagos → ....
b) Kapstadt → ....
c) Mogadischu → ....
d) Casablanca → ....
e) Addis-Abeba → .... **Punkte:** ......

Station 8

a)	Indonesien	Malaysia
b)	Pakistan	Indien
c)	Kambodscha	Thailand
d)	Südkorea	Nordkorea
e)	Syrien	Jordanien

Punkte: ......

Station 9

a) ....
b) ....
c) ....
d) ....
e) .... **Punkte:** ......

Station 10

a)	Kuba	
b)	Angola	
c)	Papua Neuguinea	
d)	Ecuador	
e)	Bangladesch	

Punkte: ......

Gesamtpunkte: ......

Station 1 – Aufgabe

Lernzirkel D: Kartografie

Wie heißen diese Breitengrade?

a) 66,3 °

b) 23,3 °

c) 0 °

d) 23,3 °

e) 66,3 °

Station 1 – Lösung

Lernzirkel D: Kartografie

a) 66,3 ° nördlicher Polarkreis

b) 23,3 ° nördlicher Wendekreis

c) 0 ° Äquator

d) 23,3 ° südlicher Wendekreis

e) 66,3 ° südlicher Polarkreis

Für jeden richtig benannten Breitengrad gibt es 1 Punkt.

Station 2 – Aufgabe

Lernzirkel D: Kartografie

Welche Stadt hat folgende geografische Koordinaten?

Mithilfe der Längen- und Breitengrade (Koordinaten) kann die geografische Lage jedes Ortes der Erde exakt bestimmt werden.
Hinweis: N = nördliche Breite, S = südliche Breite,
W = westliche Länge, O = östliche Länge

Beispiel: 52,5° N 13,4° O → Berlin

a) 22,3° N 114,2° O →
b) 34,6° S 58,4° W →
c) 40,7° N 74° W →
d) 33,9° S 151,2° O →
e) 48,1° N 11,6° O →

Station 2 – Lösung

Lernzirkel D: Kartografie

e) 48,1° N 11,6° O
→ **München**

c) 40,7° N 74° W
→ **New York**

a) 22,3° N 114,2° O
→ **Hongkong**

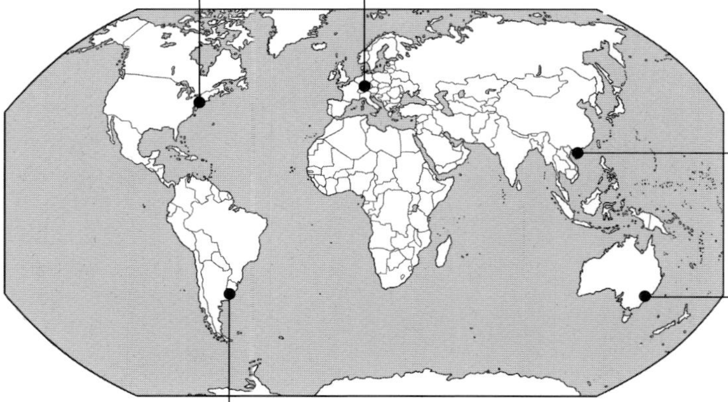

b) 34,6° S 58,4° W
→ **Buenos Aires**

d) 33,9° S 151,2° O
→ **Sydney**

Für jede richtig zugeordnete Stadt gibt es 1 Punkt.

Station 3 – Aufgabe

Wie heißen diese Kartenarten? Ordne richtig zu.

a)

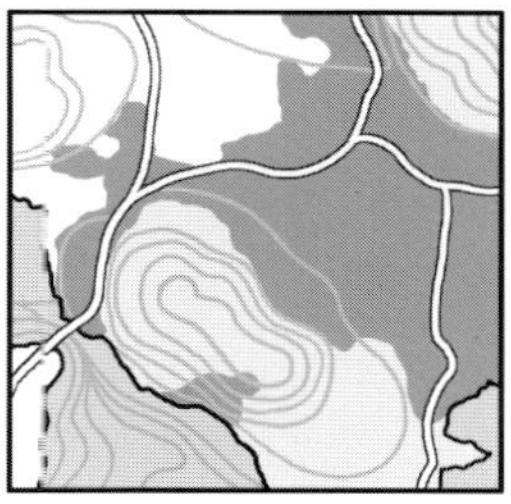

b)

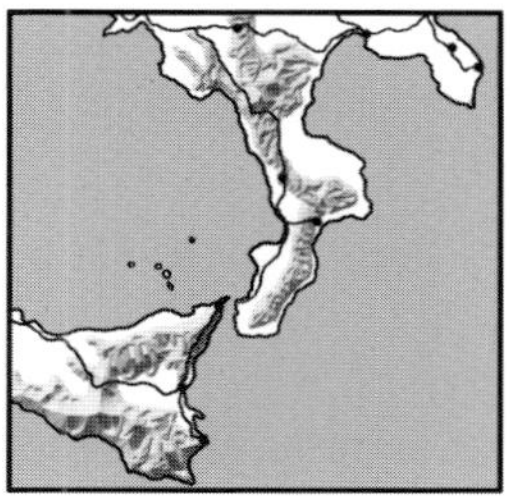

c)

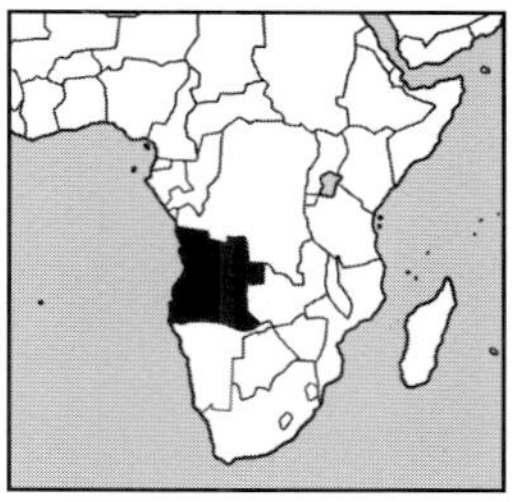

d)

e)

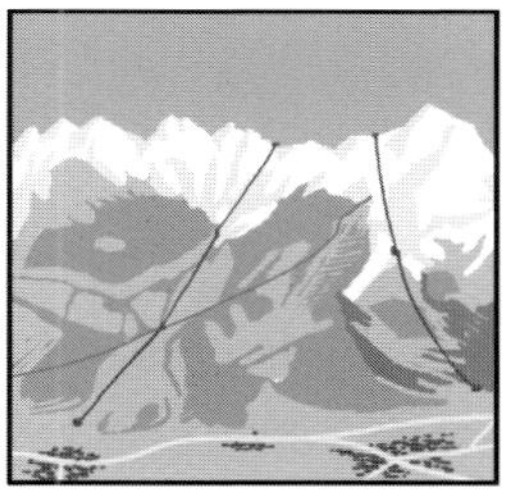

thematische Karte
politische Karte
topografische Karte
Panoramakarte
physische Karte

Station 3 – Lösung

a) topografische Karte

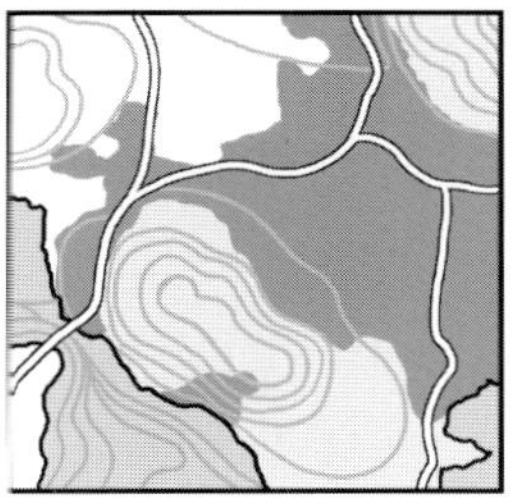

b) physische Karte

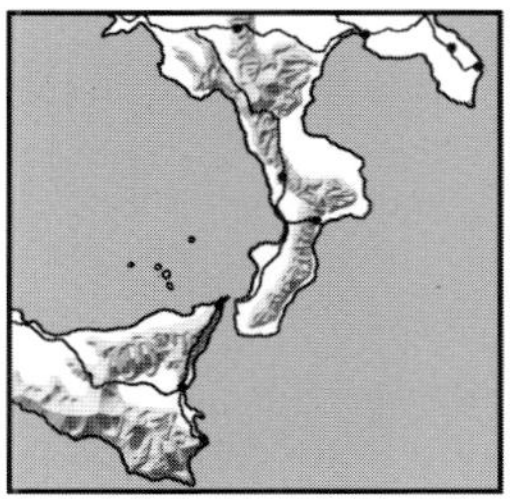

c) thematische Karte

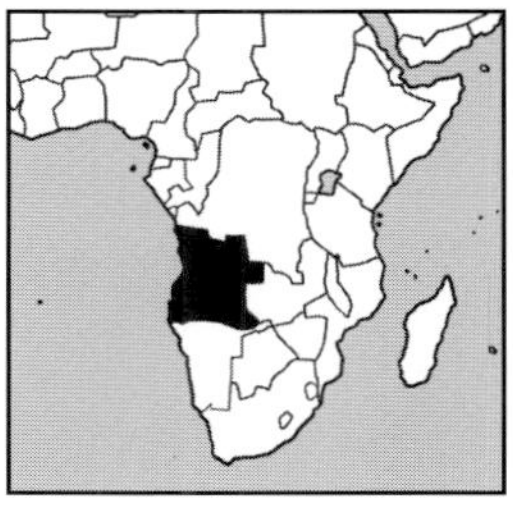

d) politische Karte

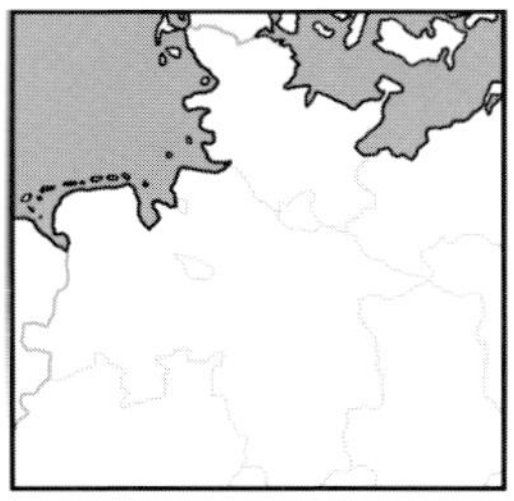

e) Panoramakarte

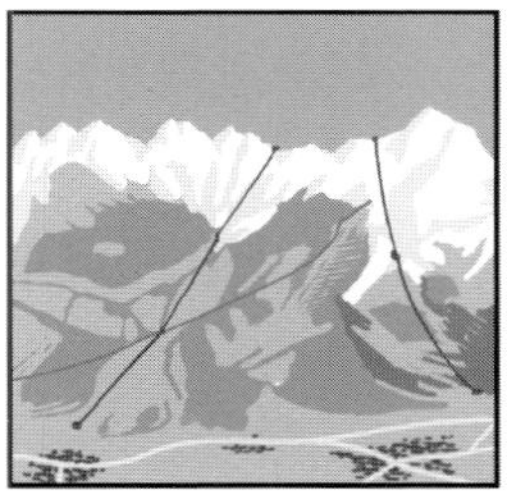

Für jede richtig zugeordnete Karte gibt es 1 Punkt.

Station 4 – Aufgabe

Lernzirkel D: Kartografie

Was bedeuten diese Kartenzeichen?

a)

b)

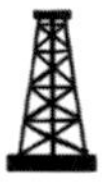

c)

d)

e)

f)

g)

h)

i)

j)

Station 4 – Lösung

Lernzirkel D: Kartografie

a)

Flughafen

b)

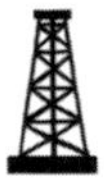

Erdöl

c)

Bergwerk

d)

Camping-
platz

e)

Burg-,
Schlossruine

f)

Heilbad

g)

Höhle

h)

chemische
Industrie

i)

Eisenbahn

j)

Elektro-
industrie

Für jedes richtig erkannte Kartenzeichen gibt es ½ Punkt.

Station 5 – Aufgabe

Lernzirkel D: Kartografie

kleiner Maßstab
1 : 20.000.000

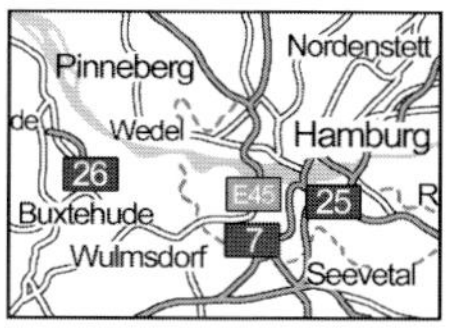

mittlerer Maßstab
1 : 1.250.000

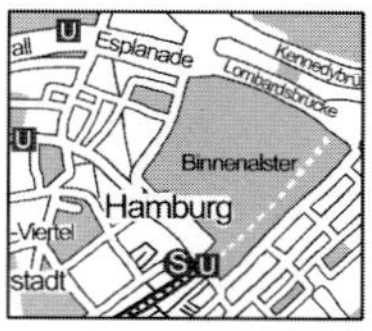

großer Maßstab
1 : 20.000

Welcher Maßstab eignet sich am besten? Ordne richtig zu.

	Kartenabbildung zeigt …
a)	… noch kleinste Orte
b)	… Weltkarte
c)	… noch kleine Orte
d)	… alle Straßen, Wald- und Feldwege
e)	… nur noch die wichtigsten Städte

Maßstab
1 : 25.000
1 : 10.000.000
1: 30.000.000
1 : 50.000
1 : 100.000

Station 5 – Lösung

Lernzirkel D: Kartografie

	Kartenabbildung zeigt …
a)	… noch kleinste Orte
b)	… Weltkarte
c)	… noch kleine Orte
d)	… alle Straßen, Wald- und Feldwege
e)	… nur noch die wichtigsten Städte

Maßstab
1 : 50.000
1 : 30.000.000
1: 100.000
1 : 25.000
1 : 10.000.000

Für jede richtige Zuordnung gibt es 1 Punkt.

Station 6 – Aufgabe

Welche Bergform passt zu welchem Text? Ordne richtig zu.

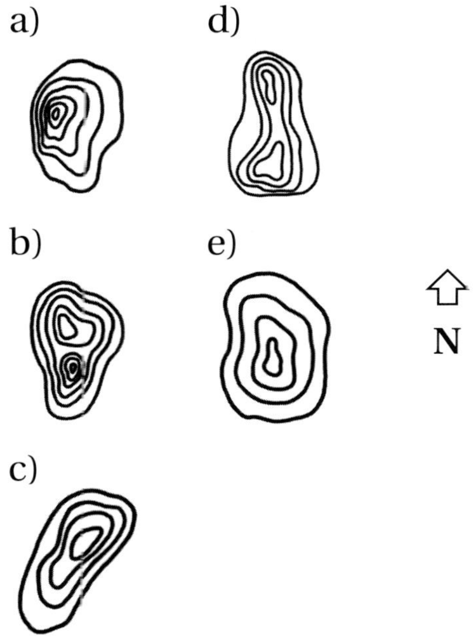

○	Der Berg fällt gegen SW sanft ab.
○	Die steilste Seite des Berges liegt im Westen.
○	Dieser Berg fällt nach allen Seiten gleichmäßig ab.
○	Im Norden und Süden besitzt dieser Berg steile Anstiege.
○	Die südliche der beiden Kuppen ist höher.

Lernzirkel D: Kartografie

Station 6 – Lösung

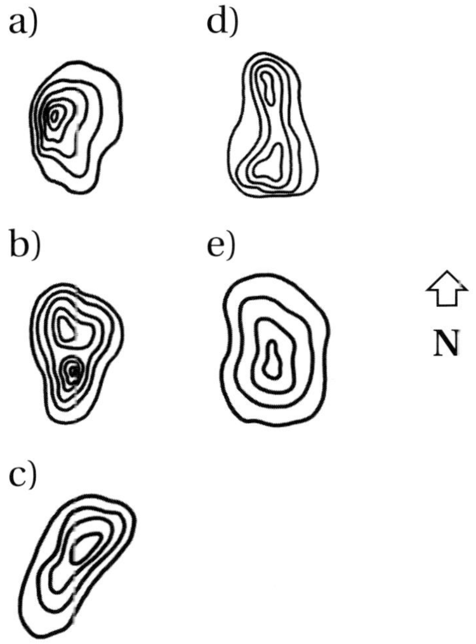

c	Der Berg fällt gegen SW sanft ab.
a	Die steilste Seite des Berges liegt im Westen.
e	Dieser Berg fällt nach allen Seiten gleichmäßig ab.
d	Im Norden und Süden besitzt dieser Berg steile Anstiege.
b	Die südliche der beiden Kuppen ist höher.

Für jede richtige Zuordnung gibt es 1 Punkt.

Lernzirkel D: Kartografie

Station 7 – Aufgabe

Welches Höhenkurvenbild (a – e) passt zu welchem Profil (A – E)?

a)

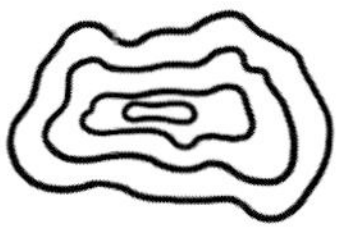

d)

A

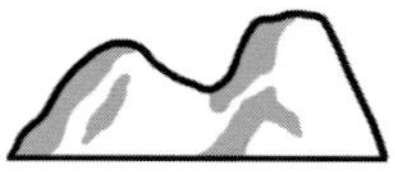

D

b)

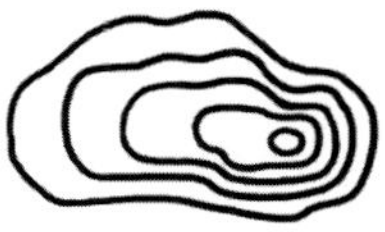

e)

B

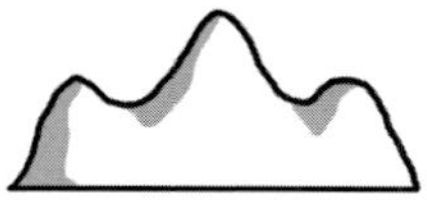

E

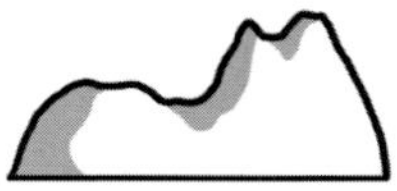

c)

C

Lernzirkel D: Kartografie

Station 7 – Lösung

a)

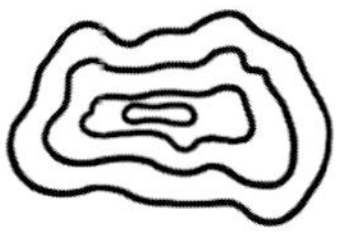

C

b)

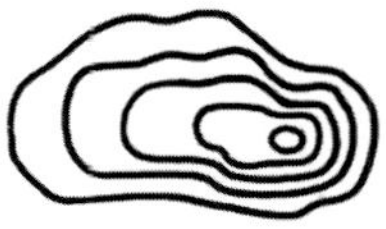

D

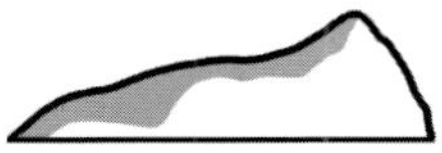

c)

A

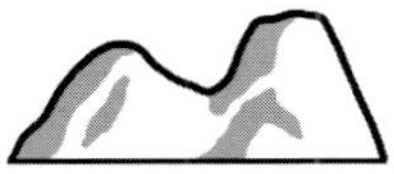

d)

B

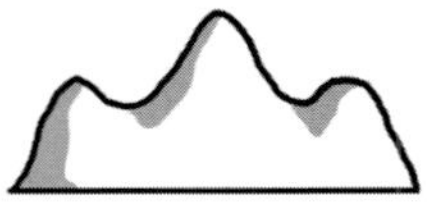

e)

E

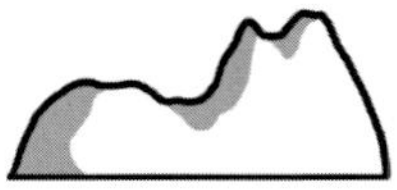

Für jede richtige Zuordnung gibt es 1 Punkt.

Station 8 – Aufgabe

Wie heißen diese Himmelsrichtungen?

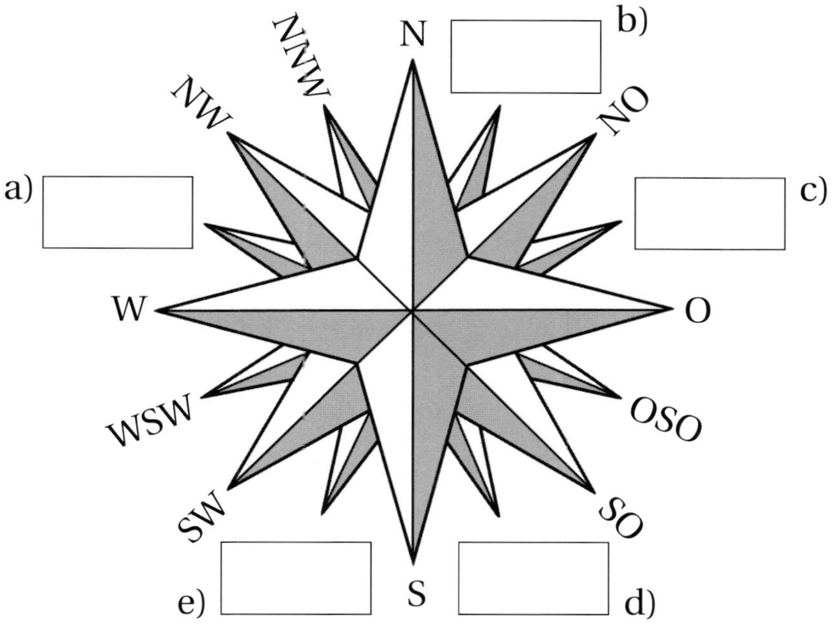

Lernzirkel D: Kartografie

Station 8 – Lösung

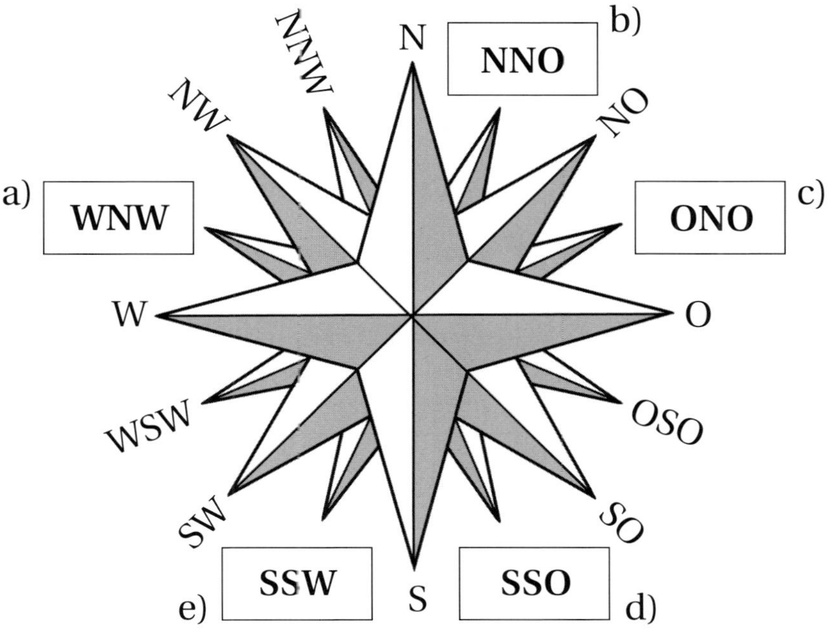

Für jede richtig erkannte Himmelsrichtung gibt es 1 Punkt.

Station 9 – Aufgabe

Lernzirkel D: Kartografie

In welcher Farbe werden auf einer physischen Karte … dargestellt?

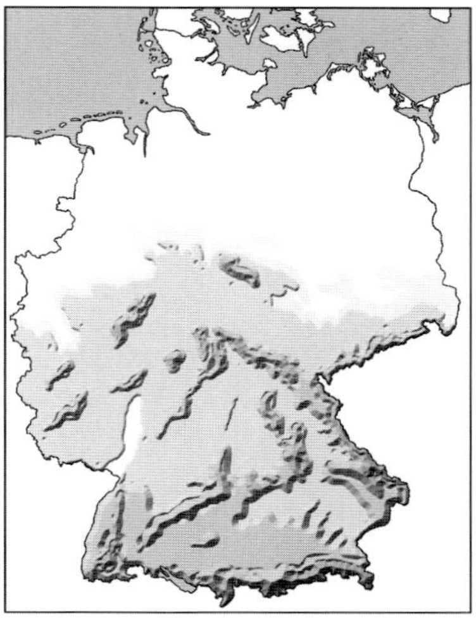

a) Landhöhen über 2000 m

b) Meerestiefen

c) Landhöhen über 0 m (Senken)

d) Landhöhen zwischen 200 m und 500 m

e) Staatsgrenzen

Station 9 – Lösung

Lernzirkel D: Kartografie

a) Landhöhen über 2000 m
→ **braun / dunkelbraun**

b) Meerestiefen
→ **blau**

c) Landhöhen über 0 m (Senken)
→ **dunkelgrün**

d) Landhöhen zwischen 200 m und 500 m
→ **gelb / gelbbraun**

e) Staatsgrenzen
→ **rot**

Für jede richtig erkannte Farbe gibt es 1 Punkt.

Station 10 – Aufgabe

Lernzirkel D: Kartografie

Richtig oder falsch?

a)	Bremen liegt nordwestlich von Hannover.	richtig	falsch
b)	Neapel liegt nördlicher als Madrid.	richtig	falsch
c)	Der Harz (Brocken) ist höher als der Bayerische Wald (Großer Arber).	richtig	falsch
d)	Auf einer Karte im Maßstab 1 : 250.000 entsprechen 4 cm auf der Karte 10 km in Wirklichkeit.	richtig	falsch
e)	Der 0°-Längengrad verläuft durch Oxford.	richtig	falsch

Station 10 – Lösung

Lernzirkel D: Kartografie

a)	Bremen liegt nordwestlich von Hannover.	**richtig**	~~falsch~~
b)	Neapel liegt nördlicher als Madrid.	~~richtig~~	**falsch**
c)	Der Harz (Brocken) ist höher als der Bayerische Wald (Großer Arber).	~~richtig~~	**falsch**
d)	Auf einer Karte im Maßstab 1 : 250.000 entsprechen 4 cm auf der Karte 10 km in Wirklichkeit.	**richtig**	~~falsch~~
e)	Der 0°-Längengrad verläuft durch Oxford.	~~richtig~~	**falsch**

Für jede richtige Antwort gibt es 1 Punkt.

Arbeitsblatt 1

Station 1

a) ....
b) ....
c) ....
d) ....
e) .... **Punkte:** ......

Station 2

a) ....
b) ....
c) ....
d) ....
e) .... **Punkte:** ......

Station 3

thematische Karte → ....
politische Karte → ....
topografische Karte → ....
Panoramakarte → ....
physische Karte → .... **Punkte:** ......

Station 4

a) .... f) ....
b) .... g) ....
c) .... h) ....
d) .... i) ....
e) .... j) .... **Punkte:** ......

Station 5

	Kartenabbildung zeigt …	Maßstab
a)	… noch kleinste Orte	1 :
b)	… Weltkarte	1 :
c)	… noch kleine Orte	1:
d)	… alle Straßen, Wald- und Feldwege	1 :
e)	… nur noch die wichtigsten Städte	1 :

Punkte: ......

Arbeitsblatt 2

Station 6

◯ Der Berg fällt gegen SW sanft ab.

◯ Die steilste Seite des Berges liegt im Westen.

◯ Dieser Berg fällt nach allen Seiten gleichmäßig ab.

◯ Im Norden und Süden besitzt dieser Berg steile Anstiege.

◯ Die südliche der beiden Kuppen ist höher.

Punkte: ……

Station 7

a) → ………… b) → ………… c) → …………

d) → ………… e) → ………… **Punkte:** ……

Station 8

a) ☐ b) ☐ c) ☐ d) ☐ e) ☐ **Punkte:** ……

Station 9

a) ………………………………………………………

b) ………………………………………………………

c) ………………………………………………………

d) ………………………………………………………

e) ……………………………………………………… **Punkte:** ……

Station 10

a)	richtig	falsch
b)	richtig	falsch
c)	richtig	falsch
d)	richtig	falsch
e)	richtig	falsch

Punkte: ……

Gesamtpunkte: ……

Station 1 – Aufgabe

Ordne folgenden Wolkenarten die richtige Bezeichnung zu.

a) 

b) 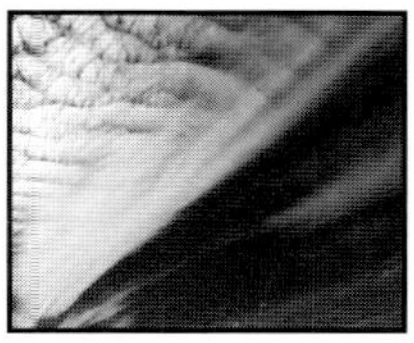

c) 

d) 

e) 

Schichtwolke
Haufenwolke
Gewitterwolke
Federwolke
Regenwolke

Station 1 – Lösung

a)  Haufenwolke

b)  Schichtwolke

c) 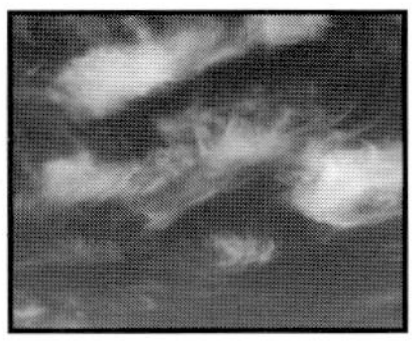 Federwolke

d)  Gewitterwolke

e)  Regenwolke

Für jede richtig benannte Wolkenart gibt es 1 Punkt.

Station 2 – Aufgabe

Kennst du dich mit einem Klimadiagramm aus?
Beantworte folgende Fragen.

a) In welchem Monat fällt der meiste Niederschlag?

b) In wie vielen Monaten liegt die Niederschlagsmenge unterhalb der Temperaturkurve?

c) Wie groß ist die Jahresmitteltemperatur?

d) In welchem Monat liegt der Niederschlag bei ca. 88 mm?

e) Wie warm ist es im Durchschnitt im April?

ROMA (Rom)/Italien
41°54'N/12°29'E
46 m

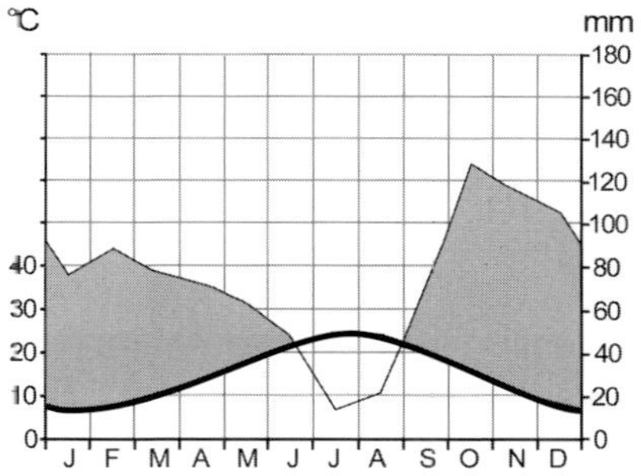

Mona t	Temp. (°C)	Nied. (mm)
JAN	6,9	76
FEB	7,7	88
MRZ	10,8	77
APR	13,9	72
MAI	18,1	63
JUN	22,1	48
JUL	24,7	14
AUG	24,5	22
SEP	21,1	70
OKT	16,4	128
NOV	11,7	116
DEZ	8,5	106
Temp.-Jahresmittel 15,5 °C		
Niederschlagssumme 880 mm		

Station 2 – Lösung

Lernzirkel E: Klima/Naturkatastrophen

a) Oktober

b) 3 Monate

c) 15,5 Grad

d) Februar

e) 13,9 Grad

ROMA (Rom)/Italien
41°54'N/12°29'E
46 m

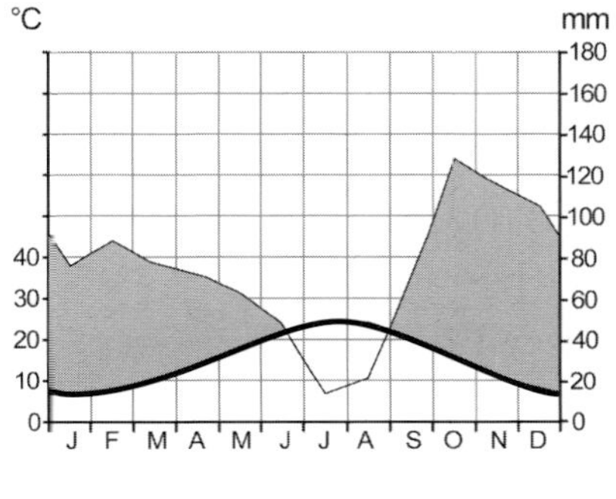

Mona t	Temp. (°C)	Nied. (mm)
JAN	6,9	76
FEB	7,7	88
MRZ	10,8	77
APR	13,9	72
MAI	18,1	63
JUN	22,1	48
JUL	24,7	14
AUG	24,5	22
SEP	21,1	70
OKT	16,4	128
NOV	11,7	116
DEZ	8,5	106
Temp.-Jahresmittel 15,5 °C		
Niederschlagssumme 880 mm		

Für jede richtige Antwort gibt es 1 Punkt.

Station 3 – Aufgabe

Lernzirkel E: Klima/Naturkatastrophen

Welche Windstärke liegt hier vor? Ordne richtig zu.

	Windstärke
a) Sturm	1
b) Zug	2 – 5
c) Wind	6 – 8
d) Orkan	9 – 11
e) Brise	ab 12

Station 3 – Lösung

Lernzirkel E: Klima/Naturkatastrophen

a) Sturm	→	**9 – 11**
b) Zug	→	**1**
c) Wind	→	**6 – 8**
d) Orkan	→	**ab 12**
e) Brise	→	**2 – 5**

Für jede richtige Zuordnung erhältst du 1 Punkt.

Station 4 – Aufgabe

Um welche Art von Niederschlag handelt es sich? Ordne richtig zu.

a) 

b) 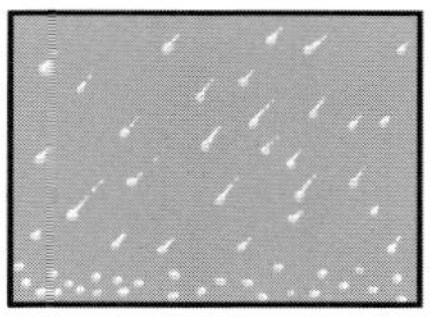

c) 

d) 

e) 

Nebel

Schnee

Regen

Hagel

Raureif

Station 4 – Lösung

Lernzirkel E: Klima/Naturkatastrophen

a)  Regen

b) 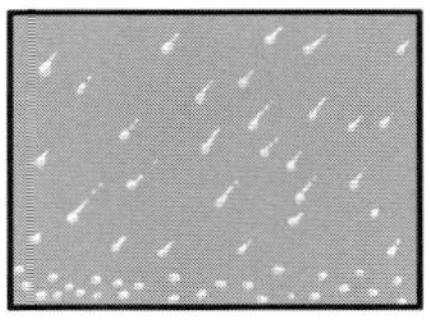 Hagel

c) 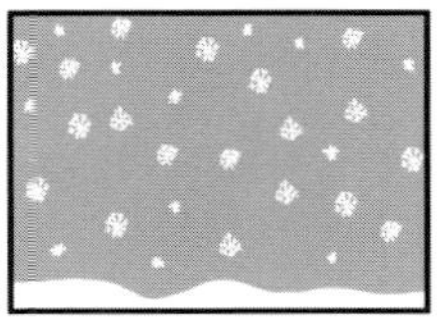 Schnee

d)  Nebel

e)  Raureif

Für jede richtige Zuordnung gibt es 1 Punkt.

Station 5 – Aufgabe

Welcher „Meter“ misst hier was?

a)	b)	c)	d)	e)
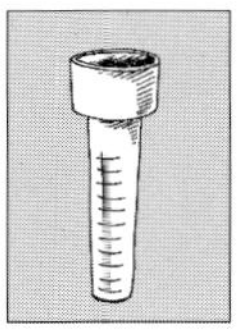	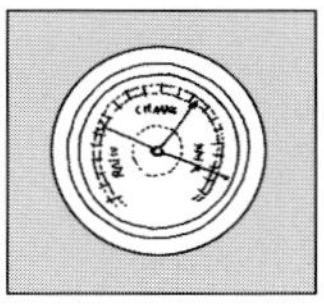	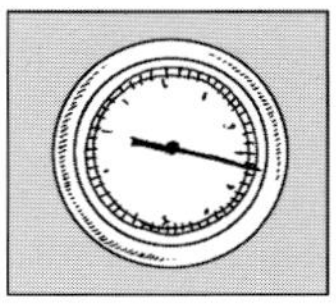	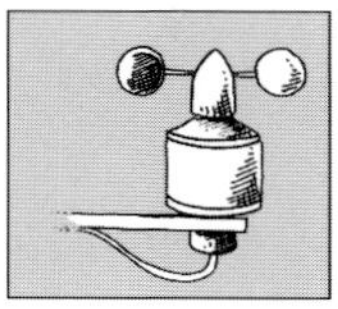	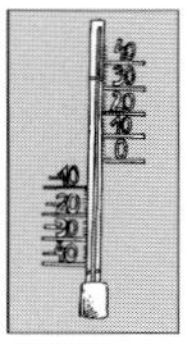
Ombrometer	Barometer	Hygrometer	Anemometer	Thermometer

Windgeschwindigkeit
Luftfeuchtigkeit
Lufttemperatur
Niederschlag
Luftdruck

Station 5 – Lösung

a)	b)	c)	d)	e)
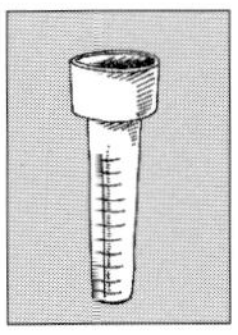	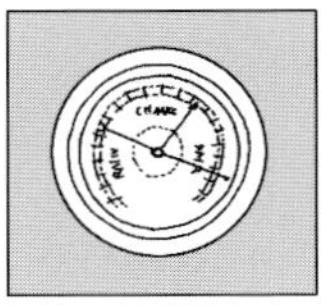	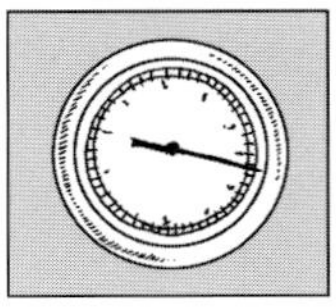	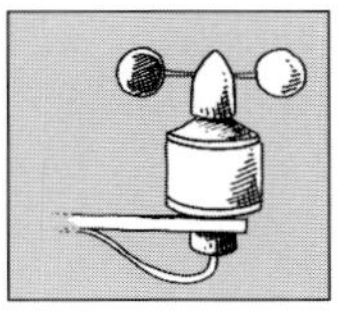	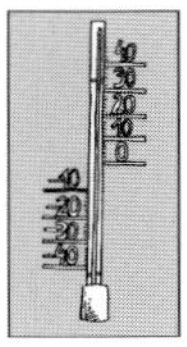
Ombrometer	Barometer	Hygrometer	Anemometer	Thermometer
↓	↓	↓	↓	↓
Niederschlag	**Luftdruck**	**Luftfeuchtigkeit**	**Wind-geschwindigkeit**	**Lufttemperatur**

Für jeden richtig erkannten „Meter“ gibt es 1 Punkt.

Station 6 – Aufgabe

Um welche Naturkatastrophe handelt es sich?

a) 

b) 

c) 

d) 

e) 

Tsunami

Erdbeben

Lawine

Vulkanausbruch

Hochwasser

Lernzirkel E: Klima/Naturkatastrophen

Station 6 – Lösung

a) 

Vulkanausbruch

b) 

Erdbeben

c) 

Lawine

d) 

Tsunami

e) 

Hochwasser

Für jede richtig erkannte Naturkatastrophe gibt es 1 Punkt.

Station 7 – Aufgabe

Wie heißen folgende aktive Vulkane?

e) (3323 m)

a) (2549 m)

b) (5462 m)

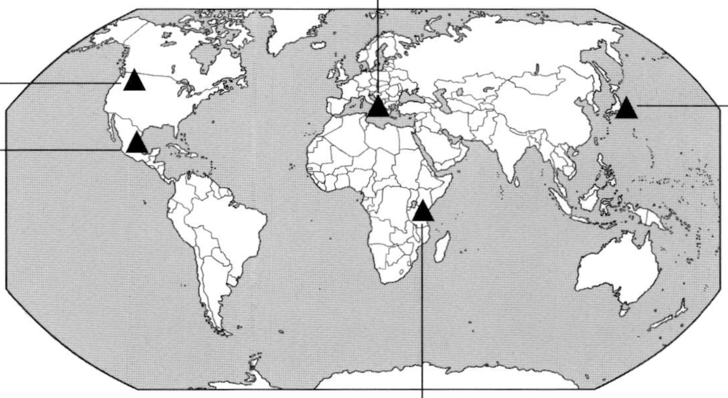

(3776 m) d)

c) (5895 m)

Station 7 – Lösung

Lernzirkel E: Klima/Naturkatastrophen

e) (3323 m)
Ätna

a) (2549 m)
Mount St. Helens

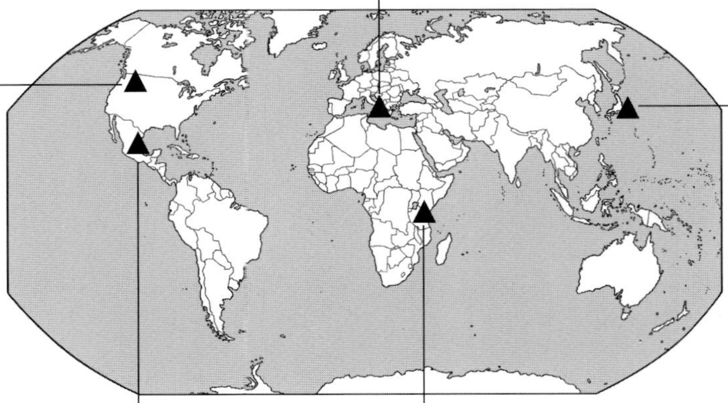

(3776 m) d)
Fudschijama

b) (5462 m)
Popocatepetl

(5895 m) c)
Kilimandscharo

Für jeden richtig benannten Vulkan gibt es 1 Punkt.

Station 8 – Aufgabe

Beschrifte den Schnitt durch einen Schichtvulkan richtig.

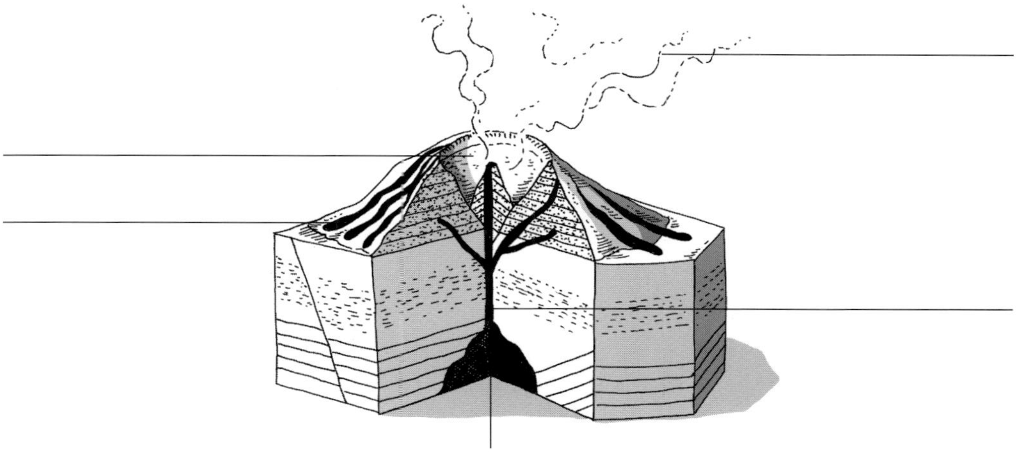

Schlot	Magmakammer	Krater	Lava	Asche

Station 8 – Lösung

Lernzirkel E: Klima/Naturkatastrophen

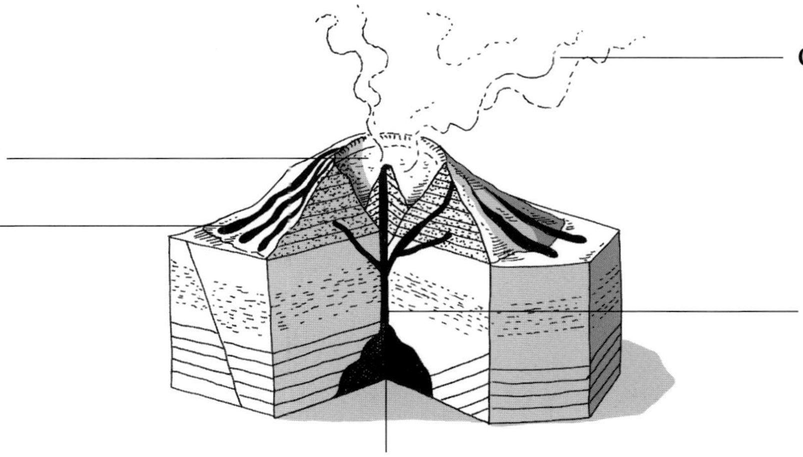

Für jede richtige Beschriftung gibt es 1 Punkt.

Station 9 – Aufgabe

Benenne die verschiedenen Platten der Erde.

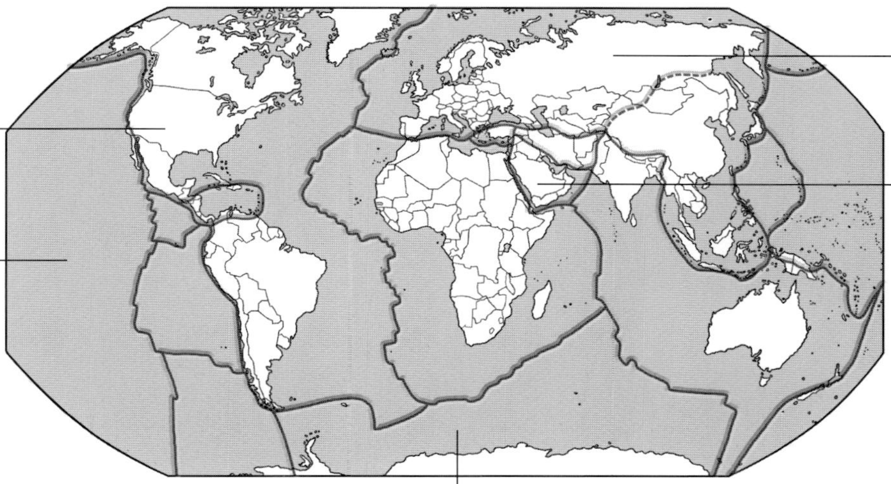

Lernzirkel E: Klima/Naturkatastrophen

Station 9 – Lösung

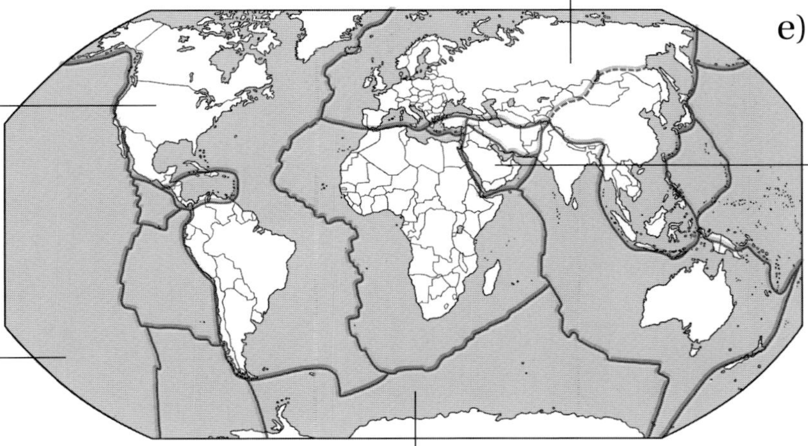

Für jede richtig benannte Platte gibt es 1 Punkt.

Station 10 – Aufgabe

Wie lautet der korrekte geografische Begriff?
Streiche den falschen durch.

a)	Eine nach oben unbegrenzte Erdbebenskala, die eine Beurteilung der Erdbebenstärke ermöglicht.	Richterskala	Beaufortskala
b)	Gerät, das Bodenerschütterungen von Erdbeben registrieren, erkennen und lokalisieren kann.	Kartograf	Seismograf
c)	Ort, der bei einem Erdbeben unmittelbar über dem im Untergrund befindlichen Bebenherd an der Erdoberfläche liegt.	Epizentrum	Geozentrum
d)	Theorie über den Krustenbau der Erde sowie die Entwicklung der Kontinente und Ozeane.	Geotektonik	Plattentektonik
e)	Erschütterungen des Erdbodens durch Vorgänge in der festen Erdkruste.	Seebeben	Erdbeben

Station 10 – Lösung

a)	Eine nach oben unbegrenzte Erdbebenskala, die eine Beurteilung der Erdbebenstärke ermöglicht.	**Richterskala**	~~Beaufortskala~~
b)	Gerät, das Bodenerschütterungen von Erdbeben registrieren, erkennen und lokalisieren kann.	~~Kartograf~~	**Seismograf**
c)	Ort, der bei einem Erdbeben unmittelbar über dem im Untergrund befindlichen Bebenherd an der Erdoberfläche liegt.	**Epizentrum**	~~Geozentrum~~
d)	Theorie über den Krustenbau der Erde sowie die Entwicklung der Kontinente und Ozeane.	~~Geotektonik~~	**Plattentektonik**
e)	Erschütterungen des Erdbodens durch Vorgänge in der festen Erdkruste.	~~Seebeben~~	**Erdbeben**

Für jeden richtig erkannten Begriff gibt es 1 Punkt.

Arbeitsblatt 1

Station 1

a)  b)  c) 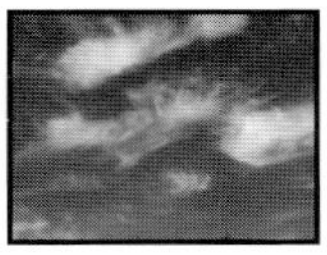 d)  e) 

....

Punkte: ......

Station 2

a) ....
b) ....
c) ....
d) ....
e) .... **Punkte:** ......

Station 3

a) Sturm → .... b) Zug → .... c) Wind → ....
d) Orkan → .... e) Brise → .... **Punkte:** ......

Station 4

a) 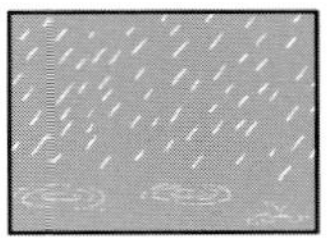 b) 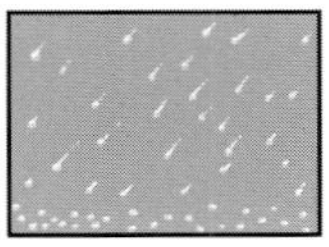 c) 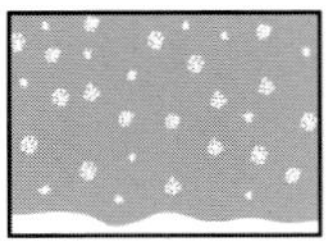 d)  e) 

....

Punkte: ......

Station 5

Ombrometer → ....
Barometer → ....
Hygrometer → ....
Anemometer → ....
Thermometer → .... **Punkte:** ......

Arbeitsblatt 2

Station 6

a) ....
b) ....
c) ....
d) ....
e) .... **Punkte:** ......

Station 7

a) .... (2549 m)
b) .... (5462 m)
c) .... (5895 m)
d) .... (3776 m)
e) .... (3323 m) **Punkte:** ......

Station 8

a) ....
b) ....
c) ....
d) ....
e) ....

Punkte: ......

Station 9

a) .... Platte
b) .... Platte
c) .... Platte
d) .... Platte
e) .... Platte **Punkte:** ......

Station 10

a)	Richterskala	Beaufortskala
b)	Kartograf	Seismograf
c)	Epizentrum	Geozentrum
d)	Geotektonik	Plattentektonik
e)	Seebeben	Erdbeben

Punkte: ......

Gesamtpunkte: ......

Wie sicher bist du?

 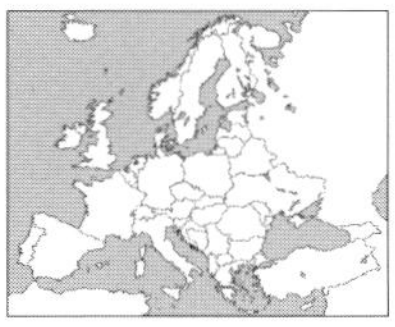 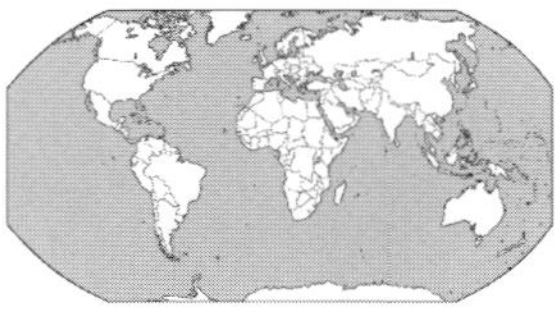  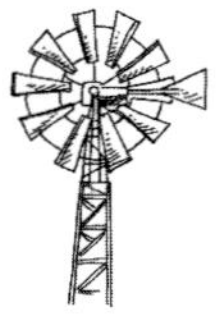

50 – 45 Punkte

Das ist ein super Ergebnis! Du hast alle Stationen sicher durchlaufen und dabei sehr gute Ergebnisse erzielt. Trainiere weiter so, auf deine Leistungen kannst du stolz sein.

44,5 – 40 Punkte

Prima! Du hast die Stationen gut absolviert. Ab und zu haben sich noch einige Fehler eingeschlichen, die du aber mit ein bisschen Training sicher vermeiden kannst.

39,5 – 35 Punkte

Du hast beim Durchlaufen den Stationen einige Fehler gemacht. Vielleicht hast du die Aufgaben nicht richtig verstanden oder musst sie genauer durchlesen. Suche deine Fehlerschwerpunkte und wiederhole noch einmal die jeweilige Station!

weniger als 34,5 Punkte

Du hast ganz schön viele Fehler gemacht. Hast du mit dem einen Thema besondere Schwierigkeiten? Besprich dich mit deinem Lehrer oder deiner Lehrerin, woran es liegt, dass du nicht so gut abgeschnitten hast. Trainiere dann noch einmal an den Stationen, dann klappt es besser bei dir!

Anleitung (1)

Die **Lernzirkel Geografie** werden von der Schüleraktivität beherrscht. Der Lehrer ist Organisator: Er leitet an, unterstützt und hat Zeit, um individuell auf einzelne Schüler/-innen einzugehen. Der Lernzirkel bedarf bis auf die Vorbereitung der Stationen für die Lehrkraft relativ wenig Zeitaufwand, außerdem ist er so organisiert, dass jeweils 2 – 3 Schüler/-innen (je nach Klassenstärke) im Klassenzimmer von Station zu Station wandern und die vielfältigen Aufgaben in beliebiger Reihenfolge in Einzel-, Partner- oder auch Gruppenarbeit erledigen können. Jeder Lernzirkel ist als Übungseinheit zu verstehen, aber nicht als Einführung in diesen Themenbereich gedacht. Außerdem sollten die Schüler den sicheren Umgang mit dem Atlas beherrschen.

Ein Lernzirkel beinhaltet folgende drei Lernphasen:

1. Lernphase:
Die Schüler/-innen durchlaufen in beliebiger Reihenfolge und individuellem Arbeitstempo alle Stationen und tragen die Lösungen in das Arbeitsblatt ein. (Das Arbeitsblatt ist so konzipiert, dass alle Schüler/-innen auch alle Stationen anlaufen müssen.) Der wechselnde Arbeitsplatz an den einzelnen Stationen schafft Abwechslung und kommt dem motorischen Bedürfnis der Schüler/-innen entgegen.

2. Lernphase:
Am Ende aller Stationen haben die Schüler/-innen die Möglichkeit, ihre Arbeit an den Lösungsstationen sofort zu kontrollieren und die erreichten Punkte in ihre Arbeitsblätter einzutragen. Diese selbstständige Leistungskontrolle gewährleistet einen reibungslosen Ablauf und lässt unterrichtsfremde Aktivität kaum entstehen.

3. Lernphase:
An der Station „Wie sicher bist du?“ (Kontrollstation) erfahren die Schüler/-innen eine individuelle Beurteilung, die ihnen einen Überblick über ihre Leistung ermöglicht und sie zum weiteren Training motiviert.

Die Kopiervorlagen umfassen fünf thematisch geordnete Lernzirkel:

Lernzirkel A:	**Deutschland**
Lernzirkel B.	**Europa**
Lernzirkel C:	**Welt**
Lernzirkel D:	**Kartografie**
Lernzirkel D:	**Klima/Naturkatastrophen**

Anleitung (2)

Jede Station ist so konzipiert, dass sich sowohl Aufgabe (oberer Teil) als auch Lösung (unterer Teil) auf einer Stationskarte befinden. Diese kann entweder gefaltet und laminiert werden (Möglichkeit A) oder auf ein Stationsschild (quer gefalteter DIN-A4-Karton) geklebt werden (Möglichkeit B). Es bietet sich zusätzlich an, Vorder- und Rückseite verschiedenfarbig zu gestalten, um Aufgabe und Lösung optisch noch stärker zu unterscheiden.

Möglichkeit A:

Vorderseite

Rückseite

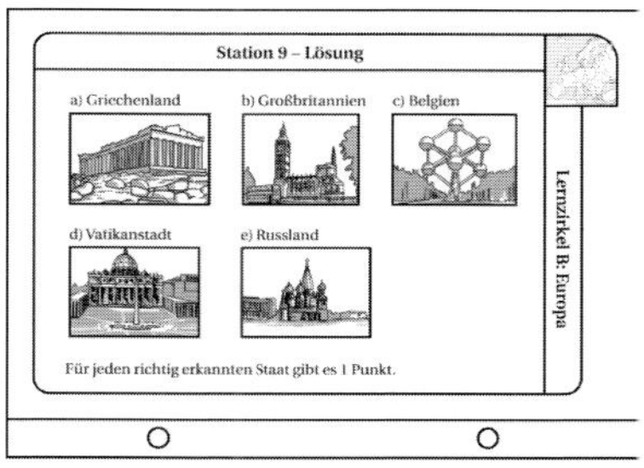

Möglichkeit B:

Vorderseite

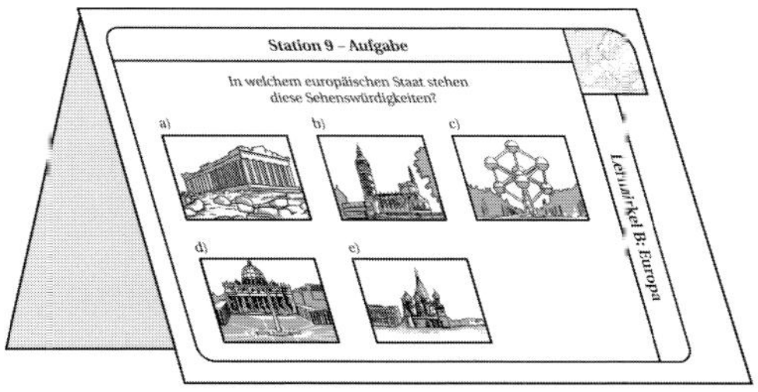

Rückseite

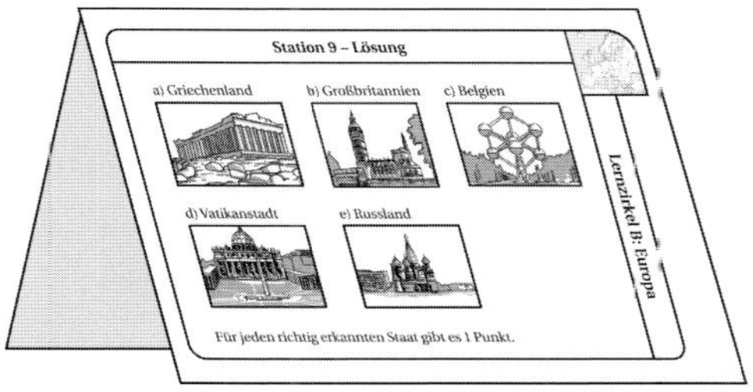

Jedem Lernzirkel liegen zwei Arbeitsblätter bei, die für die Schüler/-innen zur Bearbeitung kopiert werden müssen und dann den Ablauf des Lernzirkels unterstützen und erleichtern. Mithilfe der Arbeitsblätter allein kann nicht gearbeitet werden, da die einzelnen Arbeitsaufträge nur an den jeweiligen Stationen zu erfahren sind. So sind die Schüler/-innen angehalten wirklich jede Station zu durchlaufen.

Pro Station können maximal 5 Punkte erreicht werden. Die Gesamtpunktzahl eines Zirkels liegt also immer bei 50 Punkten.

Viel Spaß und Erfolg bei der Arbeit mit dem **Lernzirkel Geografie** wünscht

Albrecht Schiekofer

Lernzirkel: räumlicher Aufbau

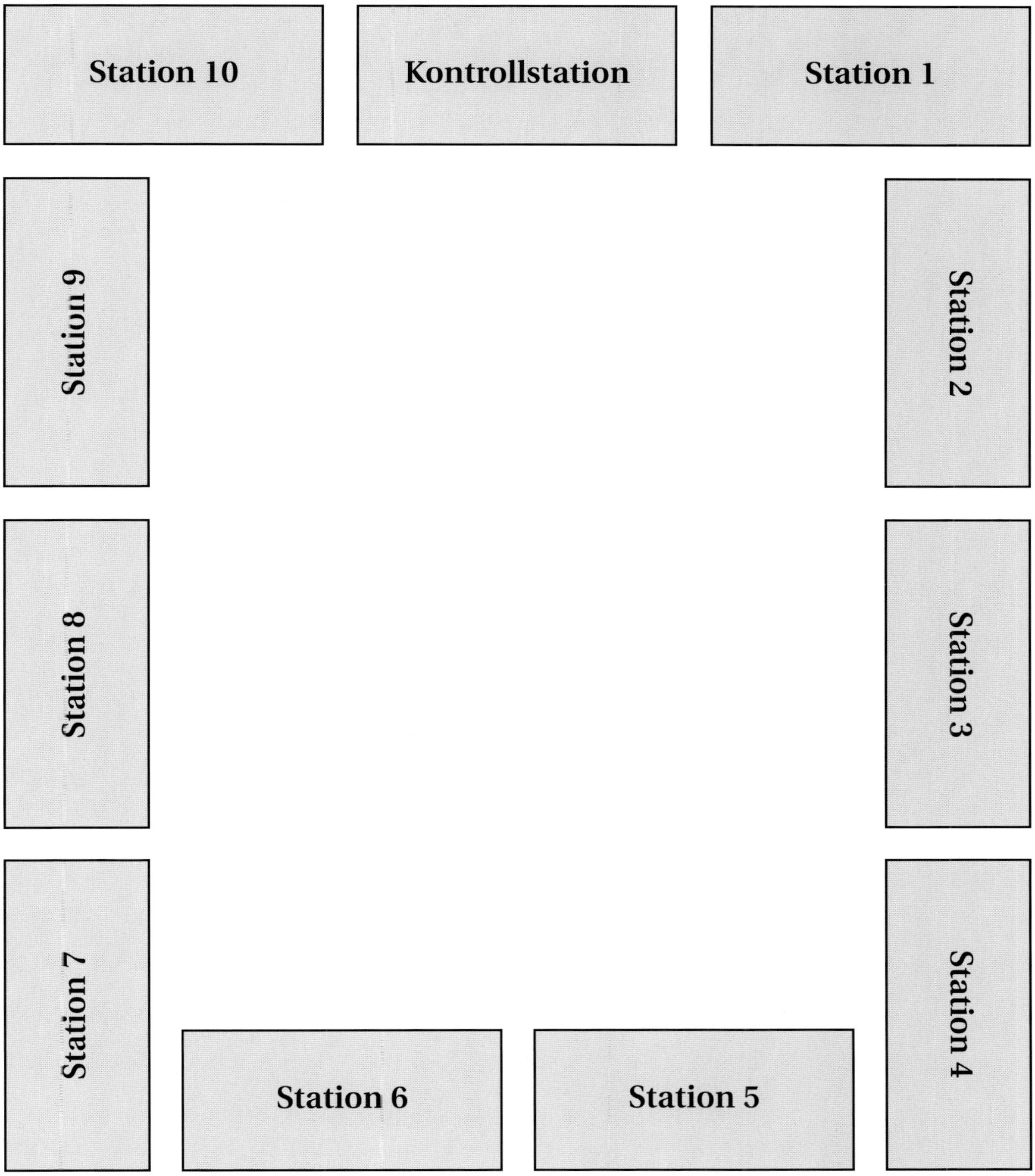